Hans-Jürgen Goertz

Menno Simons und die frühen Täufer

Drei Vorlesungen

Mit zwei Predigten zum Gedenken an Menno Simons
von Hans-Jochen Jaschke und Christoph Wiebe

Bolanden 2011

Beihefte der Mennonitischen Geschichtsblätter 1

Copyright © 2011
Mennonitischer Geschichtsverein, Bolanden
ISBN 10: 3-921881-31-5
ISBN 13: 978-3-921881-31-6

Umschlaggestaltung unter Verwendung einer Variation eines Siebdruckes von Aizo Betten, hergestellt im Auftrag der Arbeitsgruppe »Menno Simons 500« der Algemene Doopsgezinge Sociëteit und der Doopsgezinde Bibliothek der Universität Amsterdam.
Satz, Gestaltung, Typographie: Christoph Wiebe

Inhalt

5 Vorwort

Menno Simons und die frühen Täufer. Drei Vorlesungen

7 Täufer im Aufbruch – Ein Überblick
25 Zeittafel

31 Die Täufer in Münster – Stadtreformation und apokalyptische Welterneuerung
47 Zeittafel

51 Menno Simons – Von Babylon nach Jerusalem
63 Zeittafel

»Kein anderer Grund« – Zwei Predigten

65 CHRISTOPH WIEBE »Einen anderen Grund kann niemand legen als den, der gelegt ist: Jesus Christus.« – Menno Simons' Leben im Spiegel seines Wahlspruches aus 1. Korinther 3,11

73 HANS-JOCHEN JASCHKE Versöhnte Verschiedenheit. Predigt über 1. Korinther 3,11

Anhang: Literatur zu den Vorlesungen

77 Zu Täufer im Aufbruch
78 Zu Die Täufer in Münster
79 Zu Menno Simons
80 Zur Abbildung

Vorwort

Menno Simons, der Namenspatron der Mennoniten, ist gelegentlich der vierte Reformator genannt worden – neben Martin Luther, Ulrich Zwingli und Johannes Calvin. Allerdings bleibt er als Theologe weit hinter ihnen zurück. Das gilt auch für die Bedeutung, die er in seinen eigenen Gemeinden über die Jahrhunderte hinweg erlangte. Nicht er war auf die Idee gekommen, die erste Freikirche auf dem Boden des Protestantismus ins Leben zu rufen, das taten andere. Er schloß sich lediglich einer Bewegung an, die auf teilweise spektakuläre Weise in den frühreformatorischen Auseinandersetzungen des 16. Jahrhunderts besonders radikale Akzente gesetzt hatte. Das waren die Täufer, die in der Schweiz und in Oberdeutschland um 1525 relativ selbständig voneinander auf den Plan getreten waren, und die Täufer, die mit einem eigenen Ansatz in niederdeutschen und niederländischen Gebieten Fuß zu fassen begannen.
Die Täufer im Norden waren unruhig, teilweise apokalyptisch inspiriert und unerbittlich gegen jeden, der sich ihren Zielen, jetzt schon das Neue Jerusalem auf Erden zu errichten, in den Weg stellten. Nicht mit den Ideen der friedfertigen Täufer in der Schweiz war Menno Simons als Priester eines entlegenen Dorfes in Westfriesland in Berührung gekommen, sondern mit den von Melchior Hoffman geprägten, mystisch-apokalyptischen Täufern, deren Friedfertigkeit je länger je mehr in apokalyptische Militanz umgeschlagen war. Ihnen hatte er sich angeschlossen, ihnen half er aber auch, sich von dem apokalyptischen Draufgängertum zu befreien und den Weg einer friedfertigen, von jeder klerikalen Bevormundung und obrigkeitlichen Gängelung befreiten Gemeindebildung zu beschreiten: einer Gemeinde »ohne Flecken und Runzel« (Epheser 5,27). Daß der ehemalige katholische Dorfpriester sich diesem Dienst an einer erneuerten Kirche verschrieben hatte, ließ ihn zu einer Autorität unter den Täufern werden. Er wurde zu ihrem Seelsorger und Prediger, zum verständnisvollen Ältesten der Gemeinden, zum Apologeten ihrer friedfertigen Reformabsichten und zu ihrem unermüdlichen Missionar. Nicht die Entdeckung einer reformatorischen Botschaft, auch nicht theologischer Einfallsreichtum, sondern der demütige und entbehrungsreiche, von Leid und Enttäuschung geprägte Einsatz für eine Gemeinde, die nach Tod und Auferstehung Jesu Christi jetzt schon in der »Zeit der Gnade« lebte, ließ ihn zum Namenspatron der Mennonitengemeinden in aller Welt werden.

Erinnert wird an den Vater der Gemeinden, verblaßt sind aber seine Gedanken, und kaum jemand käme auf die Idee, sich von ihnen heute noch inspirieren zu lassen. Um so notwendiger ist es, das Gedenken an seinen Tod vor 450 Jahren zu nutzen, um den Gründen für das allmähliche Verblassen seiner Wirkung nachzuspüren und nach Spuren des Unvergänglichen zu suchen.
Die drei Vorlesungen sind zum Gedenken an Menno Simons in diesem Jahr entstanden. Die Überblicksvorlesung geht auf einen Text zurück, der für ein konfessionskundliches Buch über die Mennoniten geschrieben wurde, das noch in diesem Jahr in der Reihe »Kirchen der Gegenwart« erscheinen soll (Fernando Enns [Hg.], Mennoniten, Konfessionskundliches Institut Bensheim 2011). Die beiden anderen Vorlesungen wurden auf einer Tagung der Arbeitsgemeinschaft Süddeutscher Mennoniten im Februar auf dem Thomashof bei Karlsruhe gehalten. Die Vorlesung über Menno Simons ist als Vorabdruck in der *Brücke*, der täuferisch-mennonitischen Gemeindezeitschrift, im März und im Mai 2011 erschienen und möchte eine Beschäftigung mit Menno Simons in diesem Jahr anregen.
Jubiläen fordern nicht nur Historiker und Theologen heraus, Ergebnisse der bisherigen Forschung zusammenzutragen und für die interessierte Öffentlichkeit auf dem neusten Stand zu präsentieren, kirchliche Jubiläen wollen auch auf geistliche Weise begleitet werden. So werden die akademischen Vorlesungen von zwei Predigten ergänzt: Christoph Wiebe, Pfarrer der Mennonitengemeinde in Krefeld, und Dr. Hans-Jochen Jaschke, Weihbischof der katholischen Kirche in Hamburg, haben das Jubiläum beziehungsweise den Katholisch-mennonitischen Dialog zum Anlaß genommen, den bekannten Wahlspruch Menno Simons' auf der Kanzel auszulegen: »Einen anderen Grund kann niemand legen als den, der gelegt ist: Jesus Christus« (1. Korinther 3,11). Beide Predigten werden dazu beitragen, die Gedanken des »evangelischen Priesters« und »täuferischen Ältesten« aufs Neue in die Gemeinden der Mennoniten und die Gespräche zwischen den Kirchen hineinzutragen.
Mit dieser kleinen Gedenkschrift eröffnet der Mennonitische Geschichtsverein eine neue Reihe seiner Veröffentlichungen. Es sind die *Beihefte zu den Mennonitischen Geschichtsblättern*, die in loser Folge eine Brücke zwischen historischer Forschung und gemeindebezogenem Interesse an Geschichte zu bilden versuchen.

Hamburg, im Frühjahr 2011 *Hans-Jürgen Goertz*

Menno Simons und die frühen Täufer.
Drei Vorlesungen

Täufer im Aufbruch – ein Überblick

Die Geschichte der Täufer begann nicht mit der Gründung einer neuen Kirche. Am Anfang standen vielmehr soziale Bewegungen, die aus dem reformatorischen Aufbruch um 1520 und den Aufständen des »gemeinen Mannes« um 1525 in der Schweiz, in Ober- und Mitteldeutschland hervorgingen. Diese Bewegungen griffen allgemeinreformatorische Losungen auf, vor allem das Schriftprinzip (sola scriptura), das Argument gegen die Werkgerechtigkeit (sola gratia) und die Kritik am geistlichen Stand (»Priestertum aller Gläubigen«). Sie solidarisierten sich auch mit den Forderungen der aufständischen Bauern nach eigener Pfarrerwahl, kirchlicher Selbstbestimmung der Dorfgemeinden und Erneuerung des gesamten Lebens nach Göttlichem Recht. Sie stimmten in die Kritik am katholischen Abendmahlsverständnis ein. Die Täufer weigerten sich, ihre Kinder unmittelbar nach der Geburt zur Taufe zu tragen und führten die Glaubens- oder Bekenntnistaufe an Erwachsenen ein. Die Taufe sollte den Beginn eines neuen Lebens in der Nachfolge Jesu und die Bereitschaft anzeigen, sich in den Leib Christi eingliedern zu lassen. Damit wurde nicht nur der kirchliche Initiationsritus in Frage gestellt, sondern auch das politische, soziale und kulturelle Grundgefüge des christlichen Abendlandes untergraben, das sich mit jedem Aufnahmeakt eines Täuflings in den Leib Christi von Generation zu Generation erneuerte. Die katholischen und evangelischen Obrigkeiten sahen in den Anhängern dieser Bewegungen »Wiedertäufer« und verfolgten sie seit 1529 reichsweit, in der Schweiz schon früher, mit der Todesstrafe. Erst in der zweiten Hälfte des Reformationsjahrhunderts ließen die schweren Verfolgungen nach. In zahlreichen Herrschaftsgebieten wurden die Täufer, wie sie später genannt wurden, geduldet, sobald sie ihren aggressiven Nonkonformismus aufgaben und sich als wirtschaftlich nützliche Untertanen empfahlen. Aus aufmüpfigen, unruhigen Geistern waren die »Stillen im Lande« geworden. Volle Bürgerrechte konnten sie in den meisten Fällen allerdings erst im 19. Jahrhundert erlangen.

1. Das antiklerikale Entstehungsmilieu
Mit den reformatorischen Bewegungen teilten die Täufer die allgemeine Situa-

tion, in der sich die ersten Forderungen nach einer Erneuerung der Christenheit regten, reformatorische Losungen ihre Sprache fanden und auf offene Ohren stießen. Das war die Situation, die von der Kritik am Klerus beherrscht war, von Pfaffenhaß und »groß Geschrei«. In der Forschungsliteratur wird zwischen vorreformatorischem und reformatorischem Antiklerikalismus getrennt. Kritik an den Geistlichen hat es immer gegeben. Seit dem 11. Jahrhundert aber hat sich allmählich eine Trennung von Klerikern und Laien herausgebildet, die seit dem 12. Jahrhundert im *Codex Juris Canonici* ihre rechtliche Verbindlichkeit erlangte. Ein Reflex auf diese Trennung sind die folgenden Zeilen Walter von der Vogelweides. Er klagte über die Not, die entstanden war, als sich »begunden zu zwein, pfaffen unde leien« (als sich Pfaffen und Laien miteinander zu entzweien begannen). Kleruskritik wurde vor allen in den Armuts- und Ketzerbewegungen des Mittelalters laut – bis hin zu den apokalyptischen Bußrufen Girolamo Savonarolas, den Reformpredigten Geiler von Kaysersbergs und dem *Narrenschiff* Sebastian Brants. Kritisiert wurde vor allem, daß der Geistliche, der an der Spitze der mittelalterlichen Ständepyramide stand, nicht mehr seinem Ideal eines »vollkommenen« Menschen entsprach und zunehmend in Gegensatz zu den Erwartungen geriet, die von den Laien an den Vermittler des Heils in dieser Welt geknüpft wurden. Die antiklerikalen Affekte und die vehemente Polemik gegen Päpste, Kardinäle, Bischöfe, Mönche, Nonnen und Priester waren nicht Äußerungen kirchenfeindlicher Agitatoren, sie entsprangen vielmehr der Sorge der Gläubigen um das Heil ihrer Seele. Immer mehr schwand ihr Vertrauen in den Klerus, und sie sahen sich gezwungen, sich selber um ihr Heil zu kümmern, nicht zuletzt, indem sie die Priester, auf deren Vermittlungsdienste nicht zu verzichten war, zur Ordnung riefen. Diese Laien wollten den Klerus nicht abschaffen, sie hofften vielmehr auf dessen Fähigkeit, sich zu reformieren.
Alle Formen der spätmittelalterlichen Kleruskritik und des antiklerikalen Protests waren auch in der Reformationszeit präsent. Allerdings wurde der Klerus jetzt einer weitaus radikaleren Kritik ausgesetzt. Sie mündete in die Forderung, den geistlichen »Stand« ganz abzuschaffen. In zunehmendem Maße wurden Priester beschimpft, Mönche aus den Dörfern getrieben, Priester, die am Altar die Messe zelebrierten, mit Messern bedroht, ihnen wurde gelegentlich der Kelch aus den Händen geschlagen, einige wurden mit Kot oder Steinen beworfen, Predigten wurden gestört, Bischöfe und Kardinäle wurden in Fastnachtsumzügen verspottet und ihre Attrappen unter dem Gejohle des Volkes auf den Scheiterhaufen geworfen. Der antiklerikalen Turbulenz waren keine Grenzen mehr gesetzt. In der berühmten Flugschrift Martin Luthers *An den christlichen Adel deutscher Nation von des christlichen*

Standes Besserung (1520) wird deutlich, daß dieser Antiklerikalismus keine Randerscheinung der beginnenden Reformation war, nicht nur das alte Gebäude der Kirche niederriß, sondern selbst schon Ausdruck eines reformatorischen Anliegens war. Dieser positive Zug kommt in der Losung »Vom Priestertum aller Gläubigen« zur Geltung. Der Priester verführt nicht nur die Laien zur Werkgerechtigkeit, das heißt, sich sein Heil mit frommen Werken verdienen zu können, sondern er ist selber, von der Definition seines Standes her, Gott am nächsten zu sein, ein Instrument der Werkgerechtigkeit und als solches hinfällig geworden. Im Aufstand gegen den falschen *homo religiosus* kam der wahre *homo religosus* wieder zum Vorschein. Im Wechsel vom Priester zum Laien zeigte sich der Ursprung der Reformation.

In diesem antiklerikalen Reformmilieu sind auch die ersten Täufer anzutreffen. Sie warfen Kruzifixe um, störten Predigten, stürmten Bilder, beschimpften Priester, mieden die offiziellen Gottesdienste, gestalteten das Abendmahl antizeremonial, ebenso die Taufe: ohne Priester, ohne Talar, ohne Kerzen, ohne güldenes Kultgerät, ohne Monstranz und Kelch, ohne Oblaten, gefeiert wurde das Abendmahl mit einfachem Brot, das gebrochen wurde, und mit Wein aus irdenen oder hölzernen Bechern. In Waldshut wurde der Taufstein aus der Verankerung gerissen und in den Rhein geworfen, getauft wurde mit Wasser aus einem Milchkübel, Ostern 1525 waren es dreihundert Täuflinge. Die Gottesdienste wurden in Wäldern und Höhlen gefeiert, in Wirtshäusern und Scheunen. Nicht nur Männer, sondern auch Frauen beteiligten sich an solchen antiklerikalen Aktionen. Alle waren gegen die Herrschaft der Priester, die »immer oben an sitzen wollen« (A. Karlstadt), besonders allergisch. Sie wollten nur dienen und helfen. Die Religiosität der Alltäglichkeit zerstörte die kultische Welt des Priesters. Laienkultur war im Begriff, sich gegen Priesterkultur durchzusetzen. An diesem reformatorischen Prozeß waren die Täufer in besonderer Weise beteiligt. Sie waren von Anfang an existentiell so tief im antiklerikalem Milieu verwurzelt, daß es verwunderlich wäre, wenn ihr Denken, Verhalten und Handeln davon nicht berührt oder bestimmt worden wären. Das wird sich an einzelnen Gedanken, Einstellungen und Visionen immer wieder zeigen: Im Individuellen verstanden sie sich als die besseren Geistlichen, im Korporativen bildeten sie eine Gemeinschaft, die sich als Volk Gottes, das heißt als Gegenentwurf zu der Kirche verstand, die über den Klerus definiert wurde.

Vor allem und zuerst aber prägte das antiklerikale Milieu die äußere Form, in der die Täufer auf den Plan traten. Sie waren noch nicht Mitglieder einer neuen Kirche, geschweige denn Begründer einer protestantischen Konfession. Sie bildeten nur eine lose organisierte, nicht in sich fest gefügte Bewegung –

nicht einmal *eine* Bewegung, sondern *mehrere* Bewegungen, die sich in unterschiedlichen Regionen auf unterschiedliche Weise herausbildeten und weiter entwickelten. Gemeinsam war ihnen die antiklerikale Situation. In dieser Situation aber eigene Gedanken zu fassen, die Heilige Schrift zu lesen und Konsequenzen aus der Lektüre der Schrift zu ziehen, fiel ganz unterschiedlich aus, so wie sich der Alltag sich in der Stadt anders darstellte als auf dem Land, in der Schweiz anders als in Tirol und Mähren und dort wieder anders als am Niederrhein oder in den Niederlanden. In den täuferischen Bewegungen sammelten sich unterschiedlich motivierte, biblisch-reformerische, mystisch-spiritualistisch oder apokalyptisch geprägte, von religiösem Erneuerungswillen erfüllte oder von sozialen Bedürfnissen getriebene Männer und Frauen, die zwar danach strebten, sich zu Gemeinschaften oder kirchlichen Gemeinden zu verbinden, wie im Täuferreich zu Münster 1534/35 sogar mit der Absicht, die ganze Welt zu beherrschen, vorerst aber die typischen Merkmale einer sozialen Bewegung, ja, einer Vielfalt von Bewegungen aufwiesen. Soziale und religiöse Anliegen waren miteinander verknüpft. Vieles war nur angedeutet, provisorisch und experimentell, oft sogar in sich widersprüchlich. Die frühen Täufer schwankten zwischen Militanz und Friedfertigkeit. Einmal wollten sie die Mißstände in der bestehenden Kirche beseitigen, ein anderes Mal sich von dieser Kirche und dem öffentlichen Leben absondern. Sie verfolgten keine gemeinsame Linie. Gemeinsam war ihnen nur die Praxis der Erwachsenentaufe als sichtbares Zeichen eines ursprünglichen Nonkonformismus christlicher Existenz, doch schon die Begründungen dieser Praxis waren verschieden: die Verpflichtung, ein untadeliges, Gott ergebenes Leben zu führen (Balthasar Hubmaier); die Versiegelung der Auserwählten, um sie vor dem bevorstehenden Weltgericht zu bewahren (Hans Hut); die Aufnahme in den Bund, den Gott mit den Menschen geschlossen hat (Melchior Hoffman, Bernhard Rothmann und Menno Simons). Die Taufe war nicht das theologische Herzstück, sondern nur ein Merkmal umfassender Bemühungen um eine Erneuerung der Christenheit unter den Bedingungen wechselnder Situationen. Nicht dies oder das, sondern alles sollte »anders« werden, hieß es von den Täufern in Straßburg.
Die täuferischen Bewegungen hatten ihre Ursprünge in der Schweiz, in Mittel- und Oberdeutschland, in Niederdeutschland und den Niederlanden. In der Forschung hat sich inzwischen die Vorstellung vom polygenetischen Ursprung des Täufertums durchgesetzt. Wohl gab es Berührungspunkte zwischen den täuferischen Bewegungen, grundsätzlich aber entstand jede Bewegung aus eigenem Recht, keine war von der anderen abhängig. Was sie gemeinsam hatten, hatte sich oft aus einer ähnlichen Situation ergeben. Es

waren mehr strukturelle Ähnlichkeiten, die sie miteinander verbanden, als direkte gegenseitige Beeinflussung.

2. Schweizer Täufer

Alles begann mit dem reformatorischen Wirken Ulrich Zwinglis in Zürich, der von Klerikern und Laien unterstützt und angetrieben wurde. Seine Anhänger trafen sich in Konventikeln, um die Heilige Schrift gemeinsam zu lesen und Schritte zur Erneuerung der Kirche und des öffentlichen Lebens im Geiste des Gelesenen zu beraten. Immer deutlicher wurde ihnen, daß auch Zwingli ihnen noch nicht die Wahrheit der Heiligen Schrift ganz erschlossen habe. Wichtig war der Kreis um den Buchhändler Andreas Caselberger, bei dem sich Zürcher Anhänger Zwinglis auch mit Prädikanten aus der Landschaft zu gemeinsamem Bibelstudium trafen und ihre Erfahrungen austauschten. Sie brachen die Fastengebote, stritten mit den Mönchen, störten Predigten und stürmten Heiligenbilder in den Kirchen. In Stadelhofen wurde ein hölzernes Kruzifix von radikalen, bald zu Täufern gewordenen Gesinnungsgenossen Zwinglis niedergerissen. Bereits 1523 kam es jedoch zum Bruch zwischen Zwingli und den Anhängern, die mit seinen politischen Konzessionen an die weltliche Obrigkeit nicht einverstanden waren. Entzündet hatte sich der Streit an der harten Reaktion des Zürcher Rates auf die Verweigerung des Kirchenzehnten in einigen Landgemeinden. Zwingli schlug sich auf die Seite des Rates, obwohl er keinen Beleg aus göttlichem Recht für die Zehntabgabe anführen konnte, während seine Anhänger sich mit den Gemeinden auf dem Lande solidarisierten, die um ihre politische und kirchliche Unabhängigkeit von der Zürcher Obrigkeit rangen. Der Bruch entstand nicht, wie oft behauptet wurde, an der Forderung, Kirche und Staat grundsätzlich voneinander zu trennen und eine Freikirche zu errichten, sondern an der Frage, ob einem Rat zu trauen sei, der Reformen in der Stadt unterstützt, auf dem Lande aber eine reformfeindliche, ja, wie man meinte, »teuflische« Politik betreibt. Dieser Bruch vertiefte sich auf der zweiten Disputation, die im Oktober 1523 stattfand. Dort wurde beschlossen, die Messe abzuschaffen und die Bilder aus den Kirchen zu entfernen. Die Durchführung dieses Beschlusses aber sollte, wie im Fall der Zehntabgabe, dem Rat überlassen werden. Dagegen erhob sich Protest aus dem Kreise derer, die bereits in der Zehntfrage von Zwingli abwichen. Offiziell eingeführt wurde die Reformation in Zürich mit einer eigenen Abendmahlsordnung an Karfreitag und Ostern 1525. Als es schließlich zum Streit um Taufverweigerungen in einigen Dörfern kam, war eine Verständigung zwischen Zwingli und seinen einstigen Anhängern nicht mehr möglich. Es kam zwar zu Gesprächen über die Taufpraxis, doch die Gegner der Säuglingstaufe fanden kein Gehör. Der Schritt zur ersten Glaubenstaufe, die der Patriziersohn und humanistisch gebildete Konrad Grebel an dem entlaufenen Priester Georg Blaurock aus Graubünden im Januar 1525 in einem Privathaus vollzog, war unausweichlich, wollten die radikalen, wenig kompromißbereiten Reformer ihren Willen zur Erneuerung der Christenheit nicht aufgeben.

Mit dieser Taufe wurde zunächst keine eigene Kirche gegründet, sondern lediglich die Absicht bekundet, dem Wort Gottes im Erfahrungsraum des »gemeinen Mannes« zu folgen. Sie war zunächst noch eher ein antiklerikales Zeichen, mit der die Herrschaft des Klerus und der reformierten Prädikanten in der Kirche gebrochen werden sollte, als das Eingangstor in eine neue Kirche. Noch hatte sich kein eigenes Gemeindekonzept herausgebildet, Grebel und seine Gefolgsleute schwankten vielmehr zwischen einer separatistischen und einer gesamtkirchlichen Lösung. Den Weg einer gesamtkirchlichen, obrigkeitlichen Täuferreformation hatte unterdessen Balthasar Hubmaier in Waldshut am Oberrhein eingeschlagen und im mährischen Nikolsburg fortgesetzt, wo ihm humanistisch gesinnte Reformkleriker bereits vorgearbeitet hatten. Einen solchen gesamtkirchlichen Weg schlug zunächst auch Johannes Brötli in Hallau ein, vorübergehend auch Sebastian Hoffmeister in Schaffhausen und Wilhelm Reublin auf seinen Werbezügen zwischen dem Zürcher Herrschaftsgebiet, Waldshut und Schaffhausen, nicht zuletzt auch Konrad Grebel im Grüninger Amt. Sie solidarisierten sich mit den aufständischen Bauern in schweizerischen Territorien, so daß sich täuferische Reformanliegen gelegentlich kaum von den Forderungen der Bauern unterschieden. Am intensivsten hat sich Balthasar Hubmaier an die Seite der aufständischen Bauern gestellt und die Tendenz des »gemeinen Mannes« unterstützt, ein eigenes weltliches und religiöses Gemeinwesen zu errichten.

Deutlichere Konturen eines eigenen Kirchenverständnisses wurden erst in der *Brüderlichen Vereinigung etlicher Kinder Gottes* von Schleitheim 1527 sichtbar, deren Abfassung auf Michael Sattler, den entlaufenen Prior des Benediktinerklosters St. Peter im Schwarzwald, zurückgeht. Offensichtlich ließ Sattler Reformimpulse seines Ordens ins Täufertum einfließen, beispielsweise die Gemeinschaft der Glaubenden »in der Vollkommenheit Christi« von der »Welt« (»außerhalb der Vollkommenheit Christi«) zu trennen. So schrieb er die ekklesiologischen Ansätze des Zürcher Täuferkreises nicht nur fort, sondern verlieh ihnen auch einen deutlicheren separatistischen Akzent. Vor allem mit dem Artikel von der »Absonderung von der Welt« wurde ein Ausweg aus der Krise gesucht, in die viele Täufer nach dem Bauernkrieg unter dem Verfolgungsdruck geraten waren, und Einvernehmen über das weitere Vorgehen herbeigeführt. Die in Schleitheim versammelten Täufer trennten sich endgültig von der offiziellen Kirche, auch von den »falschen Brüdern« und trotz ihrer Sympathie für die Sache des »gemeinen Mannes« auch von dem militanten Vorgehen der aufständischen Bauern. Untergründig bewahrten sie aber ihre Solidarität mit dem »gemeinen Mann«. Erst jetzt wurden Abendmahl und Taufe, Bann, Eidesverweigerung und Wehrlosigkeit oder Gewaltverzicht zu Kennzeichen einer separatistischen und friedfertigen Glaubensgemeinschaft. Vorher waren sie Werkzeuge zur Säuberung und Erneuerung der Kirche. Erst allmählich nahmen die täuferischen Gemeinschaften, vor allem in der Ost- und Westschweiz, Konturen fest gefügter, mit Hilfe der Regel Christi (Bann) disziplinierter Gemeinden an (Matthäus 18,15–18). Der Bann war zunächst nicht eigentlich eine Maßnahme der Gemeinde, um notorische Sünder, Gestrauchelte oder aus dem Einvernehmen mit den Glaubensgeschwistern herausgefallene Gemeindeglieder zu bestrafen und aus der Gemeinde auszuschließen, sondern um sich mit ihnen auszusöhnen und sie wieder in die Gemeinschaft einzufügen. Bald jedoch wurde der Bann als Instrument des erbarmungslosen Ausschlusses gehandhabt. Er wurde zum Reflex eines sich in harter Verfolgungssituation immer mehr verengenden Separatismus. Täufergemeinden entstanden nicht nur im Zürcher Herrschaftsgebiet, die Schwerpunkte verlagerten sich vielmehr allmählich auf die Territorien Basels und Berns (Berner Jura).

3. Mittel- und oberdeutsche Täufer

Andere Wege schlugen die Täufer ein, die dem Umkreis Thomas Müntzers entsprungen waren: Hans Hut, Hans Denck und Melchior Rinck, Leonard Schiemer und Hans Schlaffer. Am deutlichsten trug Hut, der einer Gefangennahme nach der Schlacht bei Frankenhausen im Mai 1525 entkommen war, die mystischen und apokalyptischen Akzente weiter, mit denen Müntzer seine reformatorische Theologie versah, allerdings auf seine Weise. Der fliegende Buchhändler Hans Hut aus dem fränkischen Bibra entwickelte sein Glaubensverständnis in seiner *Unterrichtung christlicher Lehr* und in seiner Schrift über das *Geheimnis der Taufe* am Leitfaden der göttlichen Trinität und konfrontierte den Menschen zunächst mit der Predigt, die ihm die Kreaturen halten. Im Anschluß an den Taufbefehl Jesu spricht Hut vom »Evangelium *aller* Kreatur« (Genitiv statt Dativ) und meint, daß den Menschen zunächst vor Augen geführt wird, was die Geschöpfe sie lehren: nämlich daß es ihre Bestimmung sei, sich im Zusammenhang der Nahrungskette dem jeweils höheren unterzuordnen und Leid zu ertragen. Analog gilt das für den Menschen. In der Furcht vor Gott zeigt er sich bereit, Leid im Gehorsam zu ertragen und darauf zu vertrauen, daß die Heilstat Jesu Christi sich in ihm wiederholt und der Heilige Geist schließlich sein Inneres ganz und gar erfaßt und durchströmt.

So sammelte Hut die Gläubigen in Mittel- und Oberdeutschland, in Tirol und Mähren, um sie nach »Ankunft des Glaubens« mit der Taufe auf das Weltgericht am Ende der Tage vorzubereiten. Vorerst sollten sie das Schwert, das Müntzer im Bauernkrieg gezogen hatte, wieder in die Scheide stecken, um es am Jüngsten Tag, nachdem die Türken ihr martialisches Werk erledigt hätten, nochmals herauszuziehen und Rache an den Gottlosen zu nehmen. Das war ein vorläufiger oder »verkappter«, kein grundsätzlicher Pazifismus wie in Teilen des schweizerischen Täufertums. Hut hatte das Weltgericht und die Wiederkunft Christi zu Pfingsten 1528 erwartet, war aber auf der spätsommerlichen Täuferzusammenkunft in Augsburg, der sogenannten Märtyrersyode 1527, von den Glaubensgenossen gedrängt worden, Endzeitberechnungen für sich zu behalten und die missionarischen Züge nicht mit einer herausfordernden apokalyptischen Naherwartung zu belasten. Der endzeitliche Akzent der hutschen Verkündigung brachte es mit sich, daß Strukturen einer fest gefügten Gemeinde, die sich in dieser Welt auf längere Zeit einzurichten hätte, nicht ausgebildet wurden. Entstanden war nur ein Netz loser Sammlungen. Hut wurde im September 1527 verhaftet und danach zum Tode verurteilt. Nach einem Ausbruchsversuch aus dem Augsburger Gefängnis in einem vielleicht von ihm selbst gelegten Feuer war er im November 1527 gestorben und in den ersten Dezembertagen posthum als Ketzer verbrannt worden.

Introvertierter war der mystische Spiritualismus, den der gelehrte Hans Denck aus Nürnberg, Rektor der Lateinschule zu St. Sebald, unter die Täufer trug – eine irenische Gestalt. Er war von Hut getauft worden, hatte theologische Argumente aus mystischer Frömmigkeitstradition, teilweise von Müntzer angeregt, aufgenommen, sich aber von apokalyptischen Einflüssen fern gehalten. Er war an der Übersetzung der alttestamentlichen Propheten gemeinsam mit Jakob Kautz und Ludwig Hätzer beteiligt (»Wormser Propheten«), sein Einfluß auf die weitere Entwicklung der Täufer war nicht sehr groß. Stärker auf die Gründung geordneter Gemeinden ausgerichtet, aber weiterhin in der Leidensmystik Huts verankert, war das Wirken Leonhart Schiemers und Hans Schlaffers in Tirol. Auch sie zählen zu den frühen Märtyrern des Täufertums. Für ein ethisch orientiertes Glaubensverständnis setzte sich Martin Rinck ein, ein humanistisch gebildeter ehemaliger Kaplan in Hessen, der über die Wirren des Thüringer Bauernkriegs zu den Täufern gefunden hatte. Ungeduldig reagierte schließlich der Bauernkriegsveteran Hans Römer, der Erfurt am Neujahrstag 1528 mit Gleichgesinnten einnehmen und in dieser geistlich bedeutsamen Stadt das Reich Gottes ausrufen wollte. Sein Vorhaben wurde verraten, und seine Spuren verlieren sich. Zu erwähnen sind noch die Uttenreuther Träumer, die sich der Führung durch den Heiligen Geist anvertrauten, der sie in Träumen und Visionen aus den irdischen Bindungen löste und angeblich inspirierte, mit Ungläubigen geschlossene Ehen zu trennen und neue, »geistliche« Ehen unter Gleichgesinnten einzugehen. Auch das war ein Versuch, die Voraussetzungen für eine reine Endzeitgemeinde zu schaffen. Nicht minder provokativ erschien den Zeitgenossen der Augsburger Weber Augustin Bader, der unter dem Einfluß der jüdischen Kabbalah einen täuferisch-apokalyptisch inspirierten Messianismus ersann und Vorkehrungen traf, sich und danach auch seinen jüngsten Sohn zum messianischen König im Tausendjährigen Reich einsetzen zu lassen.

Im Missionsgebiet Huts waren es lose Gruppierungen, zu denen sich die Auserwählten versammelten. Eine eindrucksvolle Alternative christlicher Gemeinschaft entstand erst in Mähren. Hier kam es nach internen Auseinandersetzungen über den Charakter der Reformation in Nikolsburg, wo flüchtige Täufer Aufnahme gefunden und mit Hilfe Balthasar Hubmaiers eine obrigkeitliche Täuferreformation durchgeführt worden war, zu Spaltungen und schließlich zur Gründung einer neuen Gemeinde, die sich frei von obrigkeitlicher Einflußnahme als Gütergemeinschaft nach dem Vorbild der Jerusalemer Urgemeinde (Apostelgeschichte 2 und 4) im benachbarten Austerlitz einrichtete. Die Anlaufschwierigkeiten waren jedoch so groß, daß der kommunitäre Vorsatz sich nicht verwirklichen ließ und es zu weiteren Spaltungen kam. Stabilisieren konnte sich jedoch eine Gruppe in Auspitz, die von Jakob Huter aus Tirol angeführt wurde und sich in zahlreichen Bruderhöfen zu einer Konsumptions- und Produktionsgütergemeinschaft entwickelte. Hier machten sich Einflüsse aus dem Hutschen und dem Schweizer Täufertum geltend. Diese Höfe waren handwerklich-bäuerliche Mischbetriebe, deren Mitglieder in einer klosterähnlichen vita communis organisiert waren und mit einem eigenen Schulsystem für die Bildung des Nachwuchses sorgten. Da die Belange des täglichen Lebens kommunitär geregelt wurden, war es den Hutterern gelungen, mehr Arbeitskräfte für den Betrieb freizusetzen, als das den herkömmlichen Handwerkerfamilien möglich war. Tonangebend war das Handwerk, nicht die bäuerliche Erwerbswirtschaft. Das steigerte die wirtschaftliche Effizienz und das Ansehen der Bruderhöfe, nicht zuletzt machte es sie mit ihren neuartigen Fertigungsmethoden für die adligen Landstände attraktiv, die sie gewöhnlich gegen die Verfolgungen durch den habsburgischen Hof in Schutz nahmen. Verfolgungszeiten wechselten jedoch mit Zeiten der Ruhe und wirtschaftlicher Blüte ab (die »goldenen Jahre« 1565–1595). Was die Hutterer, die auch numerisch zu einer der bedeutendsten Nachfolgegemeinschaften der frühen täuferischen Bewegungen wurden, über die Jahrhunderte vor dem Niedergang bewahrte, war eine Mischung aus geistlich-kontemplativer Spiritualität, besonders stabilisiert durch das Wirken Peter Riedemanns, eschatologisch geprägter Fremdexistenz in dieser Welt und wirtschaftlich aktiver Lebensführung, deren Gütergemeinschaftsexperiment als ein kommunalistisch-kommunitärer Frühkapitalismus, eine Alternative zum sich entwickelnden modernen Kapitalismus, verstanden werden kann. In schwere Krisen, die teilweise zur Auflösung der mährischen Bruderhöfe führten, gerieten die Hutterer im Zuge des Dreißigjährigen Krieges. Reste retteten sich über die Walachei und die Ukraine schließlich am Ende des 19. Jahrhunderts in die Prärien Nordamerikas. Hier führte nicht das Handwerk, sondern eine Landwirtschaft, die für den agrarkapitalistisch bestimmten Markt produzierte.

Schließlich finden sich Spuren des Hutschen Täufertums in einem lose miteinander kommunizierenden Kreis, der in enger Verbindung mit den Täufern in Austerlitz um Jakob Wiedemann und Cornelius Veh entstanden war und in dem Pilgram Marpeck, Bergrichter aus dem tirolischen Rattenberg und dann angesehener Stadtbauingenieur in Straßburg und Augsburg, besonders erfolgreich wirkte. Er versuchte, den Täufern zu einer eigenen Identität zwischen biblizistischer Gesetzlichkeit (Schweizer Brüder, Hutterer) und reinem Geistglauben (Kaspar von Schwenckfeld) zu verhelfen. Das von Jörg Maler kompilierte *Kunstbuch* greift allerdings über die Vorstellungen Marpecks hinaus, es legt den Akzent stärker auf spiritualistische Einstellungen und spiegelt die Weite eines reformatorischen Radikalismus wider, in dem sich der Kompilator bewegte. Dieses besonders gesprächsbereite Täufertum zwischen Biblizismus und Spiritualismus geriet jedoch bald in Vergessenheit. Das Hutsche Täufertum insgesamt war, abgesehen von den Hutterern, eine »Bewegung im Übergang« (Werner O. Packull). Es löste sich nach 1530 allmählich auf oder wurde vom Schweizer Täufertum oder von den Hutterern aufgesogen.

4. Niederdeutsch-niederländische Täufer

Das Täufertum im niederdeutschen Sprachraum geht auf den Kürschner und Laienprädikanten Melchior Hoffman aus Schwäbisch Hall zurück. Er hatte sich schon früh der reformatorischen Bewegung angeschlossen, die von Martin Luther und Andreas Karlstadt inspiriert war, und sich auf spektakuläre Weise in Livland, Stockholm und Kiel für die Sache der Reformation eingesetzt. Am Ende der zwanziger Jahre des 16. Jahrhunderts lernte er die »sakramentarische« Bewegung in Ostfriesland kennen, traf mit Anhän-

gern Huts in Straßburg zusammen und wurde von der prophetischen Gabe Ursula Josts und Barbara Rebstocks tief beeindruckt. Schnell bildete sich in ihm die Vorstellung eines apokalyptisch und visionär eingefärbten Täufertums eigener Art aus. Er schloß sich keiner Täufergruppe in der Stadt an, sondern sammelte einen eigenen Kreis um sich. Er führte die Menschen zu innerer Läuterung und gliederte sie »aus eigener Vollmacht als der letzte endzeitliche Prophet« (Klaus Deppermann) durch die Taufe in die Gemeinde der Heiligen ein. Eine monophysitische Christologie, teilweise an Kaspar von Schwenckfelds Lehre vom »himmlischen Fleisch« Christi orientiert, sollte sicherstellen, daß Jesus Christus nicht die sündige Natur der Menschen angenommen habe, sondern von unbefleckter, reiner Gestalt sei: geboren in Maria, aber nicht aus Maria. Diese Inkarnationslehre korrespondierte bei Hoffman mit einer rigorosen Heiligungsethik und wurde zum Erkennungszeichen des melchioritischen Täufertums. Trotz des apokalyptischen Endes, das Hoffman unmittelbar heraufziehen sah, rief er seine Anhänger nicht zu militantem Aufstand auf. Der große Kampf sollte von den Reichsstädten, allen voran Straßburg, geführt werden: gegen Kaiser, Papst und Irrlehrer, die Exponenten der Gottlosigkeit. Die Täufer waren dagegen ausersehen, in aller Friedfertigkeit das geistliche Jerusalem vorzubereiten, in dem König und Prophet bald in frommer Eintracht herrschen würden. Hoffman mußte Straßburg verlassen, wandte sich gen Norden und gründete 1530 die erste Täufergemeinde in Emden (Ostfriesland). Bald fanden seine Ideen auch Eingang in die Niederlande, wo seine apokalyptische Weltdeutung und sein ethischer Rigorismus einen aufnahmebereiten Boden fanden und in manchen Gegenden eine Massenbewegung auslösten. Während eines heimlichen Besuchs in Straßburg wurde er 1533 gefaßt und zu lebenslanger Kerkerhaft verurteilt. Zehn Jahre später soll er im dunklen und feuchten Verlies eines Gefängnisturms gestorben sein.
Auch dieses Täufertum hatte viele Gesichter. Am spektakulärsten war das Eindringen täuferischer Sendboten und Ideen ins westfälische Münster, wo die Reformation mit dem Prediger Bernhard Rothmann, der bald zu den Täufern überlief, bereits Fuß gefaßt hatte und die Täufer die anstehende Ratswahl nutzten, um die Herrschaft in der Stadt zu übernehmen. Schnell wurde aus einer kommunal orientierten, sich gegen die Herrschaft des Fürstbischofs durchsetzende reformatorische Ordnung eine apokalyptische, universal ausgreifende Theokratie: das Neue Jerusalem. Es stand zunächst unter der Führung des Propheten Jan Mattijs aus Haarlem und wandelte sich bald zu einem Königreich, in dem Jan van Leiden als neuer David die Herrschaft übernahm und zu einem strengen Regiment ausbaute. Unter den Bedingungen der Bela-

gerung durch bischöfliche und reichsständische Truppen wurden Gütergemeinschaft und, um den Frauenüberschuß in der Stadt nach dem Zuzug zahlreicher täuferischer Frauen aus den Niederlanden und dem erzwungenen Wegzug zahlreicher männlicher Einwohner Münsters familiär zu binden, gegen innere Widerstände auch Vielweiberei eingeführt. 1535 fiel die Stadt durch Verrat. Die Anführer der Täufer wurden hingerichtet und in Käfigen an St. Lamberti zur Schau gestellt. Gerüchte vom Terror in Münster wurden in *Neuen Zeitungen* und anderen Flugschriften über die Grenzen des Reichs hinausgetragen. Sie haben das Täufertum endgültig diskreditiert und neue Verfolgungswellen ausgelöst.

Während der Belagerung Münsters flackerten einige Täuferaufstände auch in den Niederlanden auf (in Amsterdam und im Oldeklooster bei Bolsward), danach brandschatzten marodierende Banden um Jan van Batenburg unter der Bevölkerung, und viele Täufer schlossen sich dem spiritualistisch geprägten, friedfertigen Glasmaler David Joris aus Delft an, um durch die spirituelle Verflüchtigung äußerer Ordnungen, beispielsweise der Taufe, die Verfolgungen für sich in Grenzen zu halten. In Bocholt trafen sich 1536 Anführer verschiedener Richtungen und suchten gemeinsam nach einem Weg aus der nachmünsterischen Krise. Anders als in Schleitheim kam es hier aber nicht zu einer Einigung. Erst in den vierziger Jahren beruhigte sich die Täuferszene, als der ehemalige Priester Menno Simons aus Witmarsum die versprengten Täufer zu friedfertigen, disziplinierten Gemeinden »ohne Flecken und Runzel« (Epheser 5,27) zusammenführte und die Gleichgesinnten in zahlreichen Schriften geistlich auferbaute, in schwerer Verfolgung seelsorgerlich tröstete und für die Auseinandersetzungen mit Altgläubigen, Lutheranern und Reformierten ausrüstete: in Westfriesland, am Niederrhein, in Ostfriesland und an der Ostseeküste. Bereits als Priester im westfriesischen Pingjum und Witmarsum begann Menno Simons wohl unter dem Eindruck der sakramentarischen Reformbewegung erste Zweifel an der Transsubstantiationslehre seiner Kirche zu hegen und nach der Hinrichtung des Täufers Sicke Freerks in Leeuwarden bald auch an der Praxis der Säuglingstaufe zu zweifeln. Er las in der Heiligen Schrift und suchte in Gesprächen mit Amtsbrüdern nach einer Bewältigung seiner Zweifel – zunächst aber ohne Erfolg. Mit den Täufern kam er sozusagen noch als »evangelisch« gesinnter Priester in der Gegend von Witmarsum in direkten Kontakt. Er wandte sich den Täufern zu, nachdem höchstwahrscheinlich auch sein Bruder bei einem Sturm auf das Oldeklooster in einem Massaker umgekommen war, das Truppen des Statthalters angerichtet hatten, um die Besetzung des Klosters zu beenden. 1536 verließ Menno Simons seine Kirche in Witmarsum. Schon davor könnte er von dem Täufer Obbe Philips getauft worden sein. Zunächst wich er nach Ostfriesland aus. 1537 wurde er dann zum Ältesten der täuferischen Gemeinde in Groningen eingesetzt. Er begann, im täuferischen Sinn zu predigen und zu taufen, bald auch sich schriftlich Rechenschaft über seinen Weg ins Täufertum abzulegen. So entstand zunächst seine Meditation über den 25. Psalm (*Leringhen of den 25. Psalm*). 1539/40 veröffentlichte er sein *Fundament des christelyken leers*, in dem er seine täuferischen Grundanschauungen darstellte: eine deutliche Konzentration auf die Christologie und mit Hilfe der melchioritischen Inkarnationslehre vom himmlischen Fleisch Christi die Betonung eines »reinen« Lebens in der Nachfolge Jesu und der »reinen« Gemeinde als der kirchlichen Gemeinschaft in der »Zeit der Gnade«. Mit diesem Buch wollte er auch die geistlichen und weltlichen Autoritäten seiner Tage von der friedfertigen Gesinnung der Täufer überzeugen und sparte nicht mit heftiger Kritik an den apokalyptischen Auswüchsen der Täuferherrschaft in Münster. Grundtenor der Kritik war der Hinweis darauf, daß die »Zeit der Gnade« in Jesus Christus bereits angebrochen sei und nicht mehr auf weitergehende Offenbarungen und institutionelle Neuordnungen im »neuen Jerusalem« am Ende der Tage gewartet werden müsse. Die Gemeinde verfügte mit dem Bann über alle Mittel, sich in dieser Welt als die reine »Braut Christi« zu behaupten und ihr Leben in aller Stille, fern von jeder apokalyptischen Turbulenz in Friedfertigkeit zu führen. Menno Simons hat den Gedanken an das »neue Jerusalem« nie aufgegeben, er hat ihn nur anders gedeutet als die Täufer in Münster. Das »neue Jerusalem« wurde in der Gemeinde Jesu Christi auf Erden bereits antizipiert und sollte in einer »all-inclusive new society of regenerated Christians, the new people of God, the New Jerusalem which already anticipates the coming kingdom of God« verwirklicht werden (Helmut Isaak). Zumindest bis in die Mitte der vierziger Jahre hinein wurde die Obrigkeit in diese »neue Gesellschaft« mit eingeschlossen. Allerdings verwahrte sich die Gemeinde der Gläubigen gegen jede Obrigkeit, die nicht bereit war, in ihrer Politik auf die Mittel der Gewaltanwendung zu verzichten. Menno Simons gab die Hoffnung nicht auf, weltliche Obrigkeiten zu einer Amtsführung in Gerechtigkeit und Frieden bewegen zu können. Nur das wäre eine »christliche« Obrigkeit gewesen, mit deren Hilfe er seine täuferische Reformation vollenden zu können glaubte. Er war stets auf der Suche nach seinem Kaiser Konstantin (James M. Stayer). Darin unterschied sich der Separatismus seiner Gemeinden von demjenigen der Schleitheimer Brüder. Freilich mußte er in den letzten Jahren seines Lebens einsehen, daß dieser Weg ins »neue Jerusalem« nur in Verfolgung und Not als kleine, leidensbereite Gemeinde begangen werden könne. So sehr die Suche nach einer frommen

Obrigkeit ihn vom separatistischen Obrigkeitskonzept der Schleitheimer Brüder unterschied, waren seine Gemeinden auf ihrem Leidensweg doch den Gemeinden der Schweizer Täufer sehr ähnlich geworden. Die Streitigkeiten um den Bann, vor allem auch die Meidung des ungläubigen Ehepartners, ebenso das Zerwürfnis zwischen Menno Simons und Adam Pastor, den Menno Simons wegen antitrinitarischer Abweichungen, das heißt, einer latenten Ablehnung der melchioritischen Inkarnationslehre, gebannt hatte, trugen dazu bei, daß das Erscheinungsbild der Täufer in den Niederlanden alles andere als homogen war. Die Täufer in den Waterlanden, ungefähr ein Viertel aller niederländischen Täufer, wurden aus der Bewegung, die Menno und seine Mitältesten Dirk Philips und Leenaert Bouwens anführten, gebannt und ausgeschieden. Sie repräsentierten fortan ein stärker spiritualistisch orientiertes, weltoffeneres Täufertum, das den Kampf Wilhelm von Oraniens gegen die spanische Krone finanziell unterstützte, die Tolerierung der Täufer in der Niederländischen Republik vorbereitete und den Weg der Täufer ins wirtschaftliche und kulturelle Gesellschaftsleben späterer Zeiten ebnete.

So waren Gemeinden entstanden, mennonitische und waterländische, auch noch regional differenzierte »friesische«, »flämische« und »hochdeutsche« Gemeinden, deren Mitglieder in den Niederlanden »Doopsgezinde« und in deutschen Städten und Territorien später »Mennoniten« genannt wurden. Heute akzeptieren die Nachkommen aller Täufer, ausgenommen die Hutterer und die Taufgesinnten in den Niederlanden, Menno Simons als ihren Namenspatron. Er verzehrte sich im Kampf für die Gemeinden nach außen und zerrieb sich in Streitigkeiten um die Bannpraxis in den eigenen Gemeinden. Er suchte zunächst einen Weg der milderen Bannpraxis, mußte sich gegen Ende seines Lebens aber einer strengeren Handhabung des Banns fügen, um seinen Einfluß auf seine Gemeinden nicht ganz zu verlieren. Er starb im Januar 1561 auf dem Gut eines adligen Herrn, Bartholomäus von Ahlefeld, bei Oldesloe in Holstein. Dort hatte er nach einem entbehrungsreichen Leben mit einigen Glaubensgenossen Asyl gefunden.

5. Grenzen zwischen Konformität und Nonkonformität verändern sich
Wiederholt kam es zu offiziellen Gesprächen zwischen reformatorischen Theologen und Täufern, um sich über die Meinungsverschiedenheiten zu verständigen, mehr noch, um sich gegenseitig von der Richtigkeit des eigenen Weges christlicher Erneuerung zu überzeugen: in Bern (1527/28), Zofingen (1532), Bern (1538), Wismar (1554), Pfeddersheim (1557), Frankenthal (1571), Emden (1578). John H. Yoder, der die Täufergespräche in der Schweiz untersucht hat, sah das Motiv der Täufer, solche Gespräche zu führen, in der

theologischen Einsicht begründet, daß sich die Wahrheit der Heiligen Schrift und die praktischen Konsequenzen, die daraus zu ziehen seien, nur im Gespräch miteinander erschließen. Yoder sprach vom »unermüdlichen Willen zum Gespräch«. Ungelöst bleibt die Frage, ob die Täufer sich wirklich im Gespräch von ihrer zuvor gefaßten Meinung abbringen lassen wollten, wenn sie eines Besseren belehrt würden, oder ob sie nicht doch alles daran setzten, die gegnerischen Gesprächspartner zu überzeugen. Oft haben die Täufer diese Gespräche auch gesucht, um eine Milderung der scharfen Verfolgungsmaßnahmen zu erreichen. Doch ein direkter Erfolg blieb aus. Die Fronten hatten sich bald, im Zeitalter der Konfessionalisierung sogar noch mehr verhärtet, so daß die Täufer sich weiterhin im Untergrund halten oder in eine »konforme Nonkonformität« (Michael Driedger) schicken mußten, um zu überleben. Wo sie den zweiten Weg beschritten, nahmen sie einerseits ihren besonderen theologischen Auffassungen die herausfordernde Spitze, andererseits erwarteten sie von den Obrigkeiten, daß diese sie mit ihren besonderen, nun abgemilderten Auffassungen gewähren ließen. Die Taufe beispielsweise wurde als missionarischer Bekenntnisakt an der Front zwischen wahren Christen und Heiden, als »Eingangstor« in die Gemeinde, ihres ursprünglichen Charakters beraubt und zum Ritus heruntergestuft, der die nachwachsenden Generationen in die bestehende Gemeinschaft einer Familienkirche eingliederte. Wie überhaupt Heinold Fast einst das Erlöschen des missionarischen Auftrags unter den Mennoniten als Weg in die Konfessionalisierung bezeichnet hatte.[17] Ein anderes Beispiel ist die Verweigerung des Waffendienstes. Einerseits unternahmen die Mennoniten alles, um die weltlichen Obrigkeiten von ihrer Loyalität zu überzeugen, indem sie finanzielle Mittel aufwandten, um die Kriegskasse der weltlichen Obrigkeit aufzufüllen, andererseits ließen sie sich im Gegenzug das Privileg, von der Heranziehung zum Militärdienst ausgenommen zu sein, staatlich garantieren. Indirekt haben die Gespräche die Täufer veranlaßt, sich mehr als bisher um eine genauere Artikulation ihrer theologischen Auffassungen zu bemühen und ihr theologisches Denken auf die jeweilige konkrete Situation abzustimmen. Dabei haben sie allerdings auch die Erfahrung machen müssen, daß ihnen die Tagesordnung theologischer Auseinandersetzung oft von ihren theologisch versierteren Gegnern aufgedrängt wurde und der Prozeß theologischer Selbstklärung fremdbestimmt war. Unter solchen Bedingungen konnte der Versuch, die in der religiösen Erfahrung gesammelten theologischen Ansätze zu einer in sich geschlossenen Theologie zu verarbeiten, kaum gelingen. Gleichwohl trugen diese Bedingungen dazu bei, die eine oder andere Anschauung klarer hervortreten zu lassen. Das gilt auch von den Verhören

der Täufer vor Gericht. In endlosen Befragungen mußten die Täufer über die Lehranschauungen, wie sie ihnen von den Richtern unterstellt worden waren, Rede und Antwort stehen. Hilfreich war den Täufern, was sie in den Gesprächen untereinander gelernt hatten, auch die Erinnerung an ihre Bibellektüre, oft vor allem auch das Memorieren von Bibelstellen aus den Konkordanzen, die unter ihnen kursierten. Letztlich aber war auch hier vieles vom Zufall abhängig oder von dem Druck, den die Technik der Verhöre auf sie ausübte. Auch das war keine günstige Voraussetzung, eine eigene täuferische Theologie zu entwickeln, die ihren Namen verdient hätte.
Zur Schärfung eines theologischen Profils trugen auch die Gespräche und Auseinandersetzungen der verschiedenen Gruppen untereinander bei: zum Beispiel Balthasar Hubmaiers und Hans Huts in Nikolsburg, oberdeutscher und schweizerischer Täufer auf der sogenannten Märtyrersynode in Augsburg, der Schweizer Brüder mit dem Kreis um Pilgram Marpeck, verschiedener Täufergruppen nach der Niederlage der Täuferherrschaft Münsters in Bocholt 1536, der Hutterer mit den niederländisch-norddeutschen Mennoniten. Auch diese Gespräche verliefen oft recht kontrovers und endeten in unerbittlicher Feindschaft. Je mehr der Druck von außen nachließ, um so mehr baute sich ein interner Druck unter Glaubensverwandten auf, krampfhaft am bisher Befolgten festzuhalten, und belastete die Atmosphäre, in der theologische Arbeit hätte zum Erfolg geführt werden können.
Die täuferischen Bewegungen haben keine Theologie ausgebildet, schon gar nicht eine gemeinsame. Noch war alles im Fluß, und niemand wäre in der Lage gewesen, theologisch zu erörtern, was zu einem Konsens hätte führen können. Absichten, Erfahrungen und Hoffnungen wurden zwar in religiöser Sprache zum Ausdruck gebracht, aber nicht so, daß schon eine »Theologie des Täufertums« erkennbar gewesen wäre – weder damals noch heute. Allein schon die Verschiedenartigkeit der Bewegungen, die sich innerhalb der einzelnen Ursprungsgebiete noch weiter ausfächerten, verbietet es, von der Theologie der Täufer zu sprechen, ebenso der Bewegungscharakter des frühen Täufertums selbst: das Provisorische, Experimentelle, Vorübergehende. Allenfalls wäre es möglich, nach theologischen Fragmenten zu suchen, nicht aber nach den Fundamenten eines geschlossenen Lehrgebäudes.
Erstaunlich ist, daß die täuferischen Bewegungen dennoch in der Lage waren, Impulse für weitere Entwicklungen ihrer ursprünglichen Einsichten, Interessen und Visionen auszubilden. Das war in einem Prozeß möglich geworden, der nicht nur die großen evangelischen Territorialkirchen erfaßte, sondern auch die separaten Gemeinden der Täufer und Mennoniten: der Prozeß der Konfessionalisierung. Auch diese kleinen Gemeinschaften haben sich nach

und nach festere Ordnungen und Organisationsformen gegeben, sie haben gefestigt und auf Dauer gestellt, was sich im praktischen Lebensvollzug eingeschliffen und bewährt hat. Sie haben grundlegende Gedanken in die Form schriftlicher Bekenntnisse und später auch Katechismen gegossen, sie haben ihre theologischen Ansätze oft in neuen Liedern zum Ausdruck gebracht und in ständigem gottesdienstlichen Gebrauch von Generation zu Generation überliefert. Das gilt auch für die Berichte und Zeugnisse von Verfolgung und Martyrium. Sie wurden aufgeschrieben, in Märtyrerspiegeln veröffentlicht und so in das kollektive Gedächtnis nachfolgender Generationen aufgenommen. Das waren konfessionsbildende Medien, die Gemeinden entstehen ließen und am Leben erhielten, ohne auf selbstkritisch reflektierende theologische Arbeit zurückgreifen zu müssen. Sie haben nicht die Notwendigkeit verspürt, sich ihre konfessionelle Identität von Zeit zu Zeit immer wieder aufs Neue zu erarbeiten. Das machte diese Gemeinden einerseits resistent gegen innere Wandlungsprozesse, andererseits auch, wie die Geschichte zeigt, anfällig für oft unbewußt oder theologisch unkontrolliert ablaufende Prozesse der Anpassung an neue Situationen, kulturelle Einflüsse und politische Strömungen. Gewöhnlich wird diese Entwicklung als Abfall vom ursprünglichen Täufertum gedeutet. Es könnte aber auch so sein, daß diese Entwicklung im Kern ein täuferisches Anliegen bewahrt, nämlich die Einsicht, daß Gott sich den Menschen in ihrer Alltäglichkeit zuwendet und daß dort immer wieder aufs Neue nach der Verwirklichung christlicher Existenz zu suchen ist. Gemeinsam war vielen Täufern das Bewußtsein, in der Welt, aber nicht von der Welt zu sein, das heißt, daß sich christliche Existenz im konkreten Lebensvollzug verwirklicht, ihre Identität aber nicht von dieser Welt ist. Diese formelhafte Wendung, in der Welt, aber nicht von der Welt zu sein, markiert die Grenze konformen und nonkonformen Verhaltens. Die Welt, die Menschen sich schaffen, verändert sich unablässig, und die Grenzen gegenüber der Welt verschieben sich ständig und sind immer wieder neu zu bestimmen.

Zeittafel zu Täufer im Aufbruch

1516	Erasmus von Rotterdam gibt das Neue Testament im griechischen Urtext heraus.
1517	Thesen Martin Luthers gegen den Ablaßhandel
1519	Ulrich Zwingli wird Leutpriester am Großmünster in Zürich.
1522	Anhänger Ulrich Zwinglis brechen das Fastengebot in aller Öffentlichkeit.
	Simon Stumpf fordert in Höngg auf der Zürcher Landschaft zur Zehntverweigerung auf.
	Wilhelm Reublin, ein späterer Täufer, wird in Wittikon zum Pfarrer gewählt.
1523	Erste Zürcher Disputation zur Einführung der Reformation (Januar)
	Auf der Zweiten Zürcher Disputation (Oktober) kommt es zum offenen Bruch zwischen Zwingli und seinen radikalen Anhängern, die den Vollzug der Reformschritte – anders als Zwingli – nicht der weltlichen Obrigkeit überlassen wollen.
1524	Der Kreis um Konrad Grebel nimmt im September 1524 den Kontakt mit Thomas Müntzer auf, der in Allstedt vermutet wurde, aber bereits nach Mühlhausen geflohen war. Die Briefe, die Müntzer nicht erreicht haben, gewähren einen frühen Einblick in die Reformvorstellungen der Prototäufer.
	Erste Gespräche über die Taufe werden mit Zwingli und Leo Jud geführt, ohne einander überzeugen zu können.
	Felix Mantz wendet sich im Dezember mit seiner *Protestation* (einer Begründung, warum die Kindertaufe »wider Gott« sei) an den Rat der Stadt Zürich.
1525	Eine Disputation über die Taufe scheitert (17. Januar).
	Erste Glaubenstaufen im Hause der Mutter von Felix Mantz (21. Januar)

Die Täufer werden inhaftiert und verhört, die auswärtigen Täufer werden ausgewiesen.

Balthasar Hubmaier setzt sich in Waldshut am Bodensee für eine städtische Reformation ein (täuferische Obrigkeitsreformation). Um Ostern wird Waldshut vorübergehend täuferisch.

Der fahrende Buchhändler Hans Hut hat sich Thomas Müntzer in Mühlhausen angeschlossen, im Mai die Niederlage des Bauernaufstands bei Frankenhausen miterlebt und beginnt in den folgenden Monaten, müntzerische Ideen in Mittel- und Oberdeutschland zu verbreiten.

Johannes Brötli, der zum Grebel-Kreis in Zürich gehörte, wird im Zuge aufständischer Aktivitäten der Bauern in Hallau zum Prediger gewählt und von bewaffneten Dorfbewohnern vor der Festnahme durch Truppen aus Schaffhausen in Schutz genommen.

1526

Hut läßt sich von Hans Denck in Augsburg taufen (Pfingsten) und propagiert eine eigene Variante des Täufertums in Mittel- und Oberdeutschland, in Tirol und Mähren.

Erstes Ratsmandat in Zürich, das die Todesstrafe gegen die Täufer androht (März).

Konrad Grebel stirbt an der Pest bei Marienfeld in Graubünden.

Balthasar Hubmaier entkommt den vorderösterreichischen Truppen, flieht nach Zürich und findet Unterschlupf in Nikolsburg (Mähren). Hier erhält er die Gelegenheit, für eine obrigkeitliche Täuferreformation zu wirken.

Michael Sattler, der entlaufene Prior des Benediktinerklosters St. Peter im Schwarzwald verläßt Straßburg, wohin er gezogen war, und Hans Denck, der ebenfalls nach Straßburg geflohen war, wird aus der Stadt gewiesen.

| 1527 | Täufer beschließen in Schleitheim die *Brüderliche Vereinigung*, sieben Artikel, in denen der reformerische Kurs der in eine Krise geratenen Täufer festgelegt wird (abgesonderte Gemeinde). |

Felix Mantz wird am 5. Januar in der Limmat (Zürich) ertränkt.

Michael Sattler, der mutmaßliche Autor der Schleitheimer Artikel, wird am 20. Mai in Rottenburg am Neckar verbrannt.

Hans Hut gerät in einen Streit mit Balthasar Hubmaier und muß aus Nikolsburg fliehen.

Im September tagt in Augsburg die so genannte Märtyrersynode.

Hans Denck stirbt in Basel an der Pest.

Hans Hut kommt bei einem wohl selbst gelegten Brand des Gefängnisses in Augsburg um (Dezember).

| 1528 | Mandat des Reichsregiments in Speyer gegen die Wiedertäufer. |

Hans Römers Aufstandsplan zur Eroberung Erfurts wird vereitelt.

Leonhart Schiemer und Hans Schlaffer werden in Tirol verbrannt.

Balthasar Hubmaier wird am 10. März in Wien verbrannt.

Pilgram Marpeck gibt seine Stellung als Bergrichter in Tirol auf und erscheint im September als Täufer in Straßburg. Er tritt als Brunnenmeister in den Dienst der Stadt und wird Führer der Täufer im Auftrag der »Kirche von Mähren« (Austerlitz).

| 1529 | Wiedertäufermandat wird auf dem Zweiten Reichstag zu Speyer beschlossen. |

Georg Blaurock, der erste Täufer in Zürich, wird in Südtirol hingerichtet, Jakob Huter übernimmt die Führung der Täufer.

1530	Melchior Hoffman trifft in Straßburg ein und wird unter dem Eindruck täuferischer Ideen und der apokalyptischen Stimmung unter den Straßburger »Propheten« ein Täufer eigener Art.
	Hoffman trägt täuferische Ideen nach Ostfriesland (Emden) und durchzieht die Niederlande.
	Täuferische Gütergemeinschaften entstehen in Auspitz (Mähren).
1531	Marpeck wird nach Disputationen mit den Reformatoren in Haft genommen und aus Straßburg verbannt. Er hält sich in den folgenden Jahren in der Schweiz und wohl auch in Mähren auf (von 1544–1556 in Augsburg).
1532	Gespräch zwischen Berner Prädikanten und Täufern in Zofingen
1533	Jakob Huter kommt im Sommer nach Auspitz, wird als Ältester eingesetzt (Oktober) und führt die Täufer in Auspitz (bis 1535).
	Melchior Hoffman kehrt im März nach Straßburg zurück und wird ins Gefängnis geworfen (wohl bis zu seinem Tod, ca. 1543).
	Jan Matthys übernimmt nach und nach die Führung der melchioritischen Täufer in den Niederlanden und hebt vorzeitig den von Hoffman verordneten Taufstillstand auf.
1534	Die Täufer gewinnen die Ratswahl in Münster (Februar). Jan Matthys kommt bei einem Ausbruchsversuch aus der belagerten Stadt um (Ostern), Jan van Leiden übernimmt die Führung und läßt sich zum König von Münster einsetzen.
1535	Aufstand der Täufer in Amsterdam, Nacktlauf und Rathausbesetzung. Täufer stürmen um Ostern (März/April) das Oldekloster bei Bolsward (Westfriesland). Aufstand der Täufer in Amsterdam (Februar).

1536	Münster wird Ende Juni von den Belagerungstruppen erobert (fällt durch Verrat).
	Jan van Leiden und andere werden im Januar hingerichtet.
	Menno Simons, Priester in Witmarsum, verläßt im Januar die römisch-katholische Kirche.
	Jakob Huter wird Ende Februar/Anfang März in Innsbruck verbrannt.
	Melchioritische Täufer versuchen nach der Niederlage Münsters ihre Meinungsverschiedenheiten auf einer Zusammenkunft in Bocholt unter der Führung des Glasmalers David Joris aus Delft zu überwinden.
1538	Täufergespräch mit reformierten Prädikanten in Bern
1539	Menno Simons wirkt seit seinem »Ausgang aus dem Papsttum« als Ältester für die Täufer und veröffentlicht sein *Fundamentbuch*.
1554	Gespräch unter Täufern in Wismar
1557	Täufergespräch mit evangelischen Prädikanten in Pfeddersheim
1561	Menno Simons stirbt am 13. Januar bei Oldesloe (Holstein)
1571	Täufergespräch mit evangelischen Prädikanten in Frankenthal
1578	Täufergespräch in Emden
1579	Die Union von Utrecht garantiert Bekenntnisfreiheit (Toleranzedikt)
1597	Gespräch zwischen Taufgesinnten und Reformierten in Leeuwarden

Die Täufer in Münster – Stadtreformation und apokalyptische Welterneuerung

1. Ein faszinierender Mythos

Das Täuferreich zu Münster hat eine seltene Berühmtheit erlangt: zunächst in seiner Zeit 1534/35, als in einer westfälischen Bischofsstadt auf spektakuläre Weise ein Königreich ausgerufen wurde, wo Menschen Hab und Gut zusammenlegten und sich für kurze Zeit in einer Gütergemeinschaft über Wasser hielten, wo das traditionelle Eherecht aufgehoben und die Vielweiberei eingeführt wurde, und wo Willkürjustiz die Einwohner in Angst und Schrecken versetzte. In Windeseile verbreitete sich der Ruf von Absonderlichkeit und Bösartigkeit der Täuferherrschaft im Reich – bis in die entlegenen Dörfer in Mähren, wo die Bruderhöfe der Hutterer mit ihrer besonderen Form der Gütergemeinschaft als Komplizen der Münsteraner Täufer verdächtigt wurden und einer neuen Verfolgungswelle ausgesetzt waren. Auf alle, die nur irgendetwas mit diesen Täufern gemeinsam hatten, kamen schwere Zeiten zu. Auch unliebsame Zeitgenossen, die mit den Täufern eigentlich nichts zu tun hatten, wurden gelegentlich als Wiedertäufer diffamiert und, wie der einstige Bürgermeister Lübecks, Jürgen Wullenwever, inhaftiert und hingerichtet. Schnell wurde Münster zum Gerücht, zum abschreckenden Beispiel für die Abstrusität und das Scheitern sozialer Utopien – bis heute.

Berühmt machte dieses Täuferreich sodann noch etwas anderes. Es war der Stoff, aus dem Romane und Dramen, literarisch ausgeschmückte Biographien, Fernsehfilme, wie die zweiteilige Folge über den *König der letzten Tage* (1993), und Opern entstanden, wie Giacomo Meyerbeers *Le Prophète* (1848/49) oder sogar die neue Oper von Azio Corghi und José Saramago über die Königin von Münster: *Divara – Blut und Wasser* (1993). Aus der Fülle literarischer Darstellungen zählt das Theaterstück Friedrich Dürrenmatts zur besseren Literatur, zunächst unter dem Titel *Es steht geschrieben* (1947) in der Version einer Tragödie, bald nach dem Niedergang des Dritten Reichs, dann als Komödie mit dem Titel *Die Wiedertäufer* (1967). Dürrenmatt wollte keine Dokumentation auf die Bühne stellen. »Was mich rührte, war die Melodie, die ich aufgenommen habe, wie bisweilen neuere Instrumente alte Volksweisen übernehmen und weitergeben. Inwieweit sich heutiges Geschehen in ihr spiegelt (eben das Dritte Reich), sei dahingestellt.« Eigentlich ist das nicht zu übersehen. Doch Dürrenmatt riet dem Zuschauer, »die mehr zufälligen Parallelen vorsichtig zu ziehen« (Vorwort). Aufsehen

erregte für kurze Zeit schließlich auch der sensationslüsterne Roman Robert Schneiders *Kristus: Das unerhörte Leben des Jan Beukels* (2004).
Schließlich reizten die turbulenten Ereignisse in Münster auch die bildenden Künstler, im Bild festzuhalten, was sich einst an Denkwürdigem zugetragen hatte – damals wie heute. Zuletzt hat der Wiener Bildhauer, Maler und Zeichner Alfred Hrdlicka die Täufer von Münster zum Anlaß genommen, um das Grauen und das Leid, zu denen Menschen fähig sind, darzustellen. Die Zeichnungen und Radierungen wurden einer »Ästhetik des Grauens« zugeordnet. Hille Feiken schlägt dem Fürstbischof das Haupt ab, wie Judith einst den assyrischen Feldhauptmann Holofernes enthauptete, um ihr Volk zu befreien. In Münster blieb das allerdings nur eine visionäre Absicht und scheiterte an der Wirklichkeit, ganz davon abgesehen, daß Hille Feiken den Bischof mit einem vergifteten Hemd umbringen wollte. Also umgekehrt: Nicht der Bischof, sondern die Attentäterin wird mit dem Schwert hingerichtet. Ein anderes Bild: ein rauschhaft-schwindelerregender Freudentanz um die Leiche der renitenten Geliebten des Königs auf der einen Seite, auf der anderen Seite der Prophet Jan Matthijs, dem der Kopf abgeschlagen und dessen Körper in hundert Stücke zerteilt wird. Der Fürstbischof schaut genüßlich – nicht eben vorteilhaft in Szene gesetzt – der Hinrichtung zu. Das Häßliche, Urwüchsige, der Schrecken und das Leid, das Menschen über Menschen brachten und immer noch bringen, werden mit schonungsloser Rücksichtslosigkeit dargestellt: deformierte, verstümmelte Körper, Perversionen einer unmenschlichen Phantasie und ausschweifende Sexualität ebenso wie Sympathie mit den Geschundenen und provozierende Sehnsucht nach einer Welt, die noch nicht ist, Abscheu gegenüber einer wiederhergestellten politischen Ordnung der Unterdrückung. Interessant ist, daß Hrdlicka nicht die Reihe der Diffamierungen und Verdammungen der Täufer fortsetzt, die mit dem unverständlich Bizarren und abgründig Diabolischen durch die Jahrhunderte stigmatisiert wurden. Er rückt die Gewaltsamkeit, den irrationalen Rausch und den Größenwahn weltbeherrschender Absichten ins Bild, aber so, daß sie nicht an den Täufern hängen bleiben, sondern zum zeitübergreifenden Merkmal des Menschen allgemein werden. »Im Schmerzhaften, im Leiden, finde ich (schreibt Hrdlicka), was den Menschen ausmacht.« Hier werden Szenen des Täuferreichs ihrer historischen Einzigartigkeit beraubt und in ihrer zeitübergreifenden Bedeutung zur Kenntnis gebracht. So ist es nicht zufällig, daß sich diese Zeichnungen mit Gerichts- und Hinrichtungsszenen der Attentäter Adolf Hitlers vom 20. Juli 1944 in der Druckgraphiksammlung befinden, in der auch der Wiedertäuferzyklus in Münster aufbewahrt ist: »Ästhetik des Grauens«. Auch hier wird

die »ekelerregende Brutalität und Skrupellosigkeit verbildlicht, die gängige Praxis war« (Christine Pielken).
Der Betrachter bleibt zunächst im Unklaren: Werden die Wiedertäufer angeklagt, ihre utopisch-grausame Irrationalität, oder wird die brutale Bestrafung, die sie über sich ergehen lassen mußten, kritisiert? Wohl beides. Um Hrdlicka zu verstehen, zitiere ich aus einem Interview, das er zu seinem 80. Geburtstag gab: »Ich habe ja immer gesagt: Alle Macht in der Kunst geht ja vom Fleisch aus [...] Wir sind nun mal so geprägt, daß wir dem Leib, dem Fleisch am meisten zutrauen, weit mehr als irgendwelchen abstrakten Symbolen und Zeichen. Das hat etwas mit der christlichen Religion zu tun. Da ist ja Gott auch nicht als etwas Abstraktes auf die Welt gekommen, sondern als Mensch, er ist Fleisch geworden. Und diese Fleischwerdung hat die größte Überzeugungskraft, auch in der Kunst«. »Das Wort ward Fleisch« – das war der biblische Wahlspruch der Täufer zu Münster. Und es spricht für den Künstler, wenn er daraus – gegen diese Täufer – nicht die Konsequenz zieht, sie wegen ihrer Gewalttätigkeit anzuklagen, sondern ihre Geschichte heute nutzt, zur Überwindung der Gewalt allgemein aufzurufen. So steht das Täuferreich zu Münster auf einmal für ihr Gegenteil. Ein seltsamer Umgang mit Geschichte. Diese künstlerischen Auseinandersetzungen mit dem Täuferreich zu Münster sind mehr Produktion und Überlieferung eines Mythos als der Versuch, das vergangene Geschehen, historisch geprüft und geläutert, zur Darstellung zu bringen. Der Mythos hat einen historischen Kern, er ist aber ganz und gar zersetzt und entstellt von Ängsten, Vorurteilen, perversen Neigungen, Orientierungs- und Geltungsbedürfnissen, auch Sehnsüchten nachfolgender Zeiten. Bemerkenswert ist, was die Täufer da hergeben.

2. Erfahrung und Erwartung – Gestaltende Kräfte einer Stadtreformation

Es wird zunächst nützlich sein, die Ereignisse zu beschreiben, die zur Herrschaft der Täufer in Münster geführt haben, und die Ereignisse zu verfolgen, die von den Täufern im Besitz der Macht in der Stadt selbst in Gang gesetzt wurden. Da ging es viel normaler zu, als der Mythos wahrhaben will. Die Chronologie der Ereignisse wird hier nicht als bloße Aneinanderreihung dessen, was geschah, präsentiert, es wird vielmehr bereits hineinreflektiert, wie erklärt werden könnte, was da geschah. Das heißt, wir werden darauf achten, welche Erfahrungen die Menschen in der Stadt im kirchlichen, politischen, sozialen und wirtschaftlichen Bereich machten, und welche Schlüsse sie aus diesen Erfahrungen zogen, denn diese Schlüsse waren ihrerseits wieder der Ursprung neuer Ereignisse. Das ist das eine. Das andere ist: Erfahrungen haben es an sich, daß sie sich nicht darauf beschränken, was den Menschen zugestoßen ist. Sie lassen sich nicht vom Vergangenen festhalten oder im Gegenwärtigen beruhigen. Sie bleiben nicht bei sich. Sie rechnen vielmehr damit, daß sich erst in Zukunft zeigen wird, was sie eigentlich bedeuten. Das heißt sie haben einen Erwartungshorizont. Erfahrungen werden in dem Bewußtsein gemacht, daß noch etwas mit denjenigen, die Erfahrungen machen, geschehen wird. Erfahrung und Erwartung ist ein Denkmuster, auf das der Geschichtstheoretiker Reinhard Koselleck einst hingewiesen hat und das Ralf Klötzer in seiner Hamburger Dissertation über *Die Täuferherrschaft von Münster. Stadtreformation und Welterneuerung* (1992) mit schönem Erfolg angewendet hat, um die Täufer dort besser zu verstehen als bisher. Wo es um die Erneuerung der Welt geht, geht es zunächst um die Wahrnehmung dessen, was überwunden werden muß, und dann um die Zukunft. Daran werde ich mich in diesem Abriß der Ereignisse orientieren, denn das ist ein Weg, allmählich die Vorstellung zu überwinden, die Täufer in Münster seien von Sinnen gewesen, sie hätten sich irrational verhalten und seien zu einer Gefahr für den großen »Gang der Kultur« (Leopold v. Ranke) geworden.

Münster war eine Bischofsstadt, die von einem Domkapitel in einem eigenen Dombezirk regiert wurde. Der Bischof war auch der Landesherr. Gleichzeitig gab es einen Rat der Patrizier und Bürger, der die kommunalen Belange der Stadt wahrnahm. Auch überregional war Münster keine ganz unbedeutende Stadt. Sie war eine Stadt, die dem Hansebund angehörte und die am Handel zwischen den Nord- und Ostseeregionen teilnahm. Hier war es bereits 1525 zu ersten antiklerikalen Unruhen gekommen. 1529 wurde Bernhard Rothmann nach seinem Studium in Mainz Vikar an St. Mauritius vor den Toren der Stadt. Er versah nicht nur den Meßgottesdienst, sondern erhielt auch den Auftrag zu predigen. Allerdings zeigte er sich aufgeschlossen für Reformen der Kirche und zog bald den Argwohn des bischöflichen Domkapitels auf sich. Um weiteren Schwierigkeiten aus dem Weg zu gehen, erhielt er die Gelegenheit, sich an der Universität in Köln theologisch fortzubilden. Doch er zog nicht nach Köln, sondern in die Zentren der Reformation nach Marburg, Wittenberg und Straßburg. Nach seiner Rückkehr nahm er den Predigtdienst wieder auf und verlegte seine Kritik an den Mißbräuchen kirchlicher Praxis auf die reformatorische Kritik an der Rechtfertigungslehre der römischen Kirche. Schnell wurde er zum Mittelpunkt heftiger Auseinandersetzungen um die Reformation im Klerus, gleichzeitig wuchs auch sein Anhang unter reformbereiten Bürgern in der Stadt. Das war eine Situation, wie sie auch an anderen Orten kurz vor der Einführung der Reformation typisch war. Das Domkapitel hatte inzwischen den Druck auf den Bischof erhöht, Rothmann das Predigen zu untersagen. Der Bischof zögerte noch, doch das Domkapitel wandte sich an Kaiser Karl V. und bat ihn, den Bischof zu eindeutigem Handeln zu bewegen. Im Januar 1532 wurde Rothmann schließlich aus dem bischöflichen Hoheitsbereich ausgeschlossen. Damit war die Affäre um den Reformer aber nicht beendet. Rothmann zog vielmehr selbstbewußt in die Stadt, schlug, von reformbereiten Bürgern unterstützt, sein Quartier im Gildehaus der Krämer auf und wurde am 18. Februar 1532 zum evangelischen Pfarrer an St. Lamberti gewählt und bald danach eingesetzt. Das war der Beginn der Reformation in Münster, auch wenn der Rat noch zwischen dem Bischof und den reformwilligen Bürgern (vor allem der Gesamtgilde) lavierte, die Neuerungen noch keine Gesetzeskraft erhalten hatten und die offizielle Entscheidung für die Einführung der Reformation in der ganzen Stadt noch ausstand. Diese Entscheidung versuchte Rothmann dem Rat zu erleichtern, indem er mit seinem *Kurzen Bekenntnis der Lehre* nachsetzte und die schriftliche Grundlage dafür bereit stellte. Rothmann bekannte sich auf eindeutige Weise zur Rechtfertigungslehre Martin Luthers und zum Schriftprinzip der Reformation. Allerdings legte er den Akzent stärker als die Wittenberger Reformatoren auf die Bewährung des Glaubens in den guten Werken und auf die Sichtbarkeit der Kirche, die sich in der Reinheit der bestehenden Kirche Ausdruck verschaffen sollte. So ist der Deutung der Autoren des neusten Rothmann-Buchs zuzustimmen, die darauf hinausläuft, daß Rothmanns Bekenntnis »eher ein reformiertes als ein lutherisches oder ein sektenhaftes Dokument« sei (S. 68). Gleichzeitig wird angedeutet, daß in diesem Dokument bereits die Weichen für die Kritik an der Kindertaufe gestellt sind. Das ist also kein Dokument, das den Charakter der Reformation ein für alle Mal festschreibt, sondern das ihn für weitere Entwicklungen offen hält. Das ist ein typisches Merkmal reformatorischer Bewegungen. Sie sind situationsbezogen, experimentell, tentativ, vorläufig und verbesserungsfähig.

Bald fanden sich genügend Bürger, denen es gelang, auch andere, nach Münster gezogene Reformprediger in den restlichen Pfarrkirchen unterzubringen, so daß nach einem bedrohlich-fordernden Zug von neunhundert Bürgern vor den Bischofssitz in Telgte 1533 schließlich mit Hilfe des Landgrafen Philips von Hessen zwischen dem Rat und dem Bischof vertraglich geregelt werden konnte, daß alle Stadtkirchen evangelisch werden, der Dom und die Klöster dagegen katholisch bleiben sollten. Trotz dieses Zugeständnisses blieb der Klerus weiterhin in seinen Rechten bestätigt. Doch daß in einer Stadt »zweierlei Predigt« möglich sein sollte, war im Denkhorizont jener Zeit kaum vorstellbar. Ralf Klötzer schrieb: »Das Nebeneinander von alten und neuen Kirchengebräuchen konnte nicht befriedigen, weil die unteilbare göttliche

Wahrheit des Evangeliums die reformatorische Bewegung permanent anwies, Götzendienst und falsche Propheten zu bekämpfen« (S. 38). So blieb es denn auch nicht lange ruhig in der Stadt.

Rothmann und die übrigen Stadtpfarrer gingen dazu über, eine neue Kirchenordnung für die Stadt auszuarbeiten, die eine Überordnung der Kirche gegenüber der Obrigkeit vorsah (Tendenz zur Theokratie). Auch kamen sie überein, das symbolische Abendmahlsverständnis durchzusetzen und die Kindertaufe durch die Erwachsenentaufe zu ersetzen. Auf diese Weise sollte eine grundlegend apostolisch orientierte Reformation durchgeführt werden. Damit verstießen sie freilich gegen das Gesetz des Zweiten Reichstags zu Speyer 1529, das die Forderung und Praxis der so genannten Wiedertaufe unter Todesstrafe stellte. Das aber ging nun dem ansonsten reformfreundlichen Rat, der als Mehrheit aus den Ratswahlen im März 1533 hervorgegangen war, aus Rücksicht auf die außenpolitische Situation im Reich zu weit, und er enthob die Reformprediger ihrer Ämter. Nur Rothmann erhielt noch ein begrenztes Predigtrecht in der abgelegenen Servatiuskirche, aber nicht mehr an der Lambertikirche. So begannen sich in diesen Auseinandersetzungen die Profile reformerischer Parteien immer deutlicher herauszubilden: Lutheraner, Rothmann-Anhänger oder Prototäufer. Die Grenzen zwischen diesen Parteien waren jedoch fließend. Einige Anhänger Rothmanns bewegten sich gelegentlich noch ins Lager der Lutheraner, die meisten jedoch je länger je mehr ins Lager der sich bildenden Täuferbewegung. Solche Verhältnisse sorgten eher für Unruhe als für Stabilität in der Stadt. Der Rat versuchte, der Entwicklung zum Täufertum den Wind aus den Segeln zu nehmen, indem er mit Hilfe des hessischen Theologen Dietrich Fabricius eine Lutherische Kirchenordnung einführen ließ. Das war Rothmann und seinen Anhängern zu wenig und führte wiederum zur Solidarisierung zahlreicher Bürger aus den Gilden mit den Predigern, und sie leiteten Aktionen ein, mit denen sie die Wiedereinsetzung Rothmanns an Lamberti forderten. Bereits im Anschluß an die Begründung der Kindertaufkritik im Bekenntnis von den beiden Sakramenten und in Predigten formierte sich im Oktober 1533 eine Bewegung, die prototäuferisch genannt werden kann. Das aber alarmierte den Rat erst recht und führte zu einem Verbot dieser Bewegung. Heute wissen wir – nach einer langen Geschichte sozialer Bewegungen – wie wenig es gelingt, eine Bewegung zu verbieten. Das war auch damals nicht anders. Im Januar 1534 trafen Boten des Täuferpropheten Jan Matthijs aus den Niederlanden in der Stadt ein und brachten ihre Erfahrungen mit der Praxis der Erwachsenentaufe nach Münster. Nun aber zeigt sich, wie kompliziert die Politik in der Stadt war: Der landesherrliche Bischof bestand darauf, die verantwortlichen Täufer zu verhaften und auszuliefern, doch der Rat, obwohl er ja selber gegen die Wiedertaufe war, sah seine politischen Selbstbestimmungsrechte eingeschränkt, weigerte sich, diesem Befehl nachzukommen, und riskierte eine kriegerische Auseinandersetzung. Aus Furcht vor einem Krieg verließen Altgläubige und zögerliche Protestanten die Stadt, die Täufer indessen entschieden sich, in der Stadt zu bleiben und sie gegen eine kommende Belagerung durch bischöfliche Truppen zu verteidigen. Die Belagerung begann im Februar 1534 und endete im Juni 1535. Für eine Stadt mit geringen militärischen Mitteln war das eine lange Zeit.

Die Gruppe der Täufer blieb ungeschwächt und konnte sich in der Bevölkerung stabilisieren. Unterstützt wurde sie durch die täuferischen Anführer Jan van Leiden, der schon 1533 einmal für kurze Zeit in der Stadt war, und den Propheten Jan Matthijs selbst. Sie waren im Januar und Februar 1534 nach Münster gekommen. Am 17. Februar suchte der Bischof um militärische Hilfe nach und begann, Söldner anzuwerben. Am 23. Februar fanden die jährlichen Ratswahlen statt, und einige Tage darauf wurden die Zuwege zur Stadt in einer militärischen Aktion blockiert. Das war der Beginn der Belagerung. Die Ratswahl wurde von den Täufern gewonnen, der lutherisch dominierte Rat wurde von einem täuferischen Rat abgelöst, und wenige Tage später wurde die Glaubenstaufe zur Grundordnung des münsterischen Gemeinwesens erklärt. Die Täufer taten, was sie im Kampf um die Reformation von sich erwarteten, nachdem sie nun schon soweit gekommen waren. Ähnlich wie 1525 in Waldshut am Bodensee unter Balthasar Hubmaier war es auch hier zu einer obrigkeitlich gestützten Täuferreformation gekommen – auf ganz legale Weise. Das war keine Reformation von ganz oben – die eigentliche Stadtobrigkeit war der bischöfliche Landesherr. Doch das war eine Reformation auf zweiter obrigkeitlicher Ebene, eine kommunale Reformation. Damit war den täuferischen Ratsmitgliedern nun die Aufgabe zugefallen, das Amt des Bürgermeisters zu besetzen und für Einmütigkeit und Ordnung in der Stadt zu sorgen. Sie taten, was von einer neuen Obrigkeit erwartet wurde, auch was sie selber erwarteten. Das war die Erfahrung einer neuen politischen Situation vor einem offenen Erwartungshorizont.

Zahlreiche lutherische und katholische Einwohner verließen die Stadt freiwillig. Um die Herrschaft zu sichern, wurden weitere ausgewiesen. Die Anzahl war nicht unerheblich. Im Gegenzug wurden die Tore für ungefähr 2500 täuferische Männer und Frauen aus der Umgebung und aus den Niederlanden geöffnet, so daß es zu einem regelrechten Bevölkerungsaustausch kam, der die täuferische Obrigkeit vor erhebliche Organisationsprobleme stellte. Um die Herrschaft zu sichern und die Ordnung zu wahren, wurden

auch in gemeinsamen Aktionen alle Besitzurkunden verbrannt und in den Kirchen die Statussymbole des Klerus gestürmt, an Skulpturen bischöflicher Würdenträger auf den Grabmalen wurden regelrechte Schauprozesse durchgeführt und Bestrafungen vorgenommen, ihre Münder wurden mit dem Schwert kreuzweise verschlossen und ihre Augen mit Spießen ausgestochen. Das war ein Bildersturm, wie er auch sonst vor Einführung der lutherischen oder zwinglischen Reformation an der Tagesordnung war. Das war nichts besonders Täuferisches. Nur eines sollte deutlich werden: Die Stadt und die Kirchen wurden in antiklerikaler Manier von den Resten einer Klerikerkultur gereinigt und zu einer Laienkultur geführt. Was die Täufer sich erhofften, nämlich ihre separatistische, kämpferische Sonderexistenz in eine Massenbewegung umschlagen zu sehen, hatte sich eingestellt. Ihre Erwartungen waren erfüllt und mußten jetzt bewahrt und, sofern Widerstände auftraten, auch gesichert werden. Widerstandslos wurde dieser Herrschaftswechsel nicht hingenommen. Die Belagerung wurde verstärkt, und in der Stadt gab es den einen oder anderen, der sich gegen die Maßnahmen der Täufer zur Wehr setzte, beispielsweise wurde ein Bürger, der sich im Zuge der Einführung des Gemeineigentums im März 1534 gegen die Urkundenverbrennung ausgesprochen hatte, vom Propheten Jan Matthijs angeklagt und hingerichtet. Klötzer vermutet, daß dieser Bürger weniger gegen die Preisgabe des Privatbesitzes war, diese lag auf der Linie pragmatisch orientierter Stadtpolitik angesichts der Belagerung, als gegen die Begründung dieser Maßnahme aus dem Geist der Apokalyptik, einer widerspruchslosen Unterwerfung unter die Eingebungen der Propheten.
Nun nahmen die Dinge ihren Lauf. Jan Matthijs wollte unter Beweis stellen, daß seine apokalyptischen Welteroberungspläne unter dem Schutz Gottes standen, Ostern 1534 versuchte er, den Belagerungsring zu durchbrechen, um sein Programm in die Welt hinauszutragen. Doch er kam in den Spießen der Belagerer um. Das stürzte die politische Führung der Täufer in eine tiefe Legitimationskrise, manche begannen zu zweifeln, ob Gott wirklich auf ihrer Seite stünde. Nun ergriff der zweite Prophet, Jan van Leiden, die Gelegenheit, eine neue Herrschaftsordnung einzuführen. Aus dem 24köpfigen Rat, der aus Einheimischen bestand, wurde ein 12köpfiger Ältestenrat, der die durch Zuwanderung der auswärtigen Täufer veränderte Stadtgesellschaft besser repräsentierte. Die Zwölferzahl der Ältesten stand für die zwölf Stämme Israels, und die Umwandlung der Stadt, in der das von Melchior Hoffman angekündigte »Neue Jerusalem« am Ende der Tage erwartet wurde, war auf die Spur zu diesem Jerusalem hin gesetzt worden (Offenbarung 21,12 f.). Aus der Erfahrung der Krise sollte jetzt die Erwartung des Neuen Jerusalem oder des

Neuen Israel mit der baldigen Wiederkehr Jesu Christi auf Erden heraushelfen. So wechselte eine pragmatisch orientierte Stadtpolitik immer deutlicher in eine apokalyptisch inspirierte, neutestamentlich begründete Gestaltung der Ereignisse über. Auch hier ist wieder der Mechanismus von Erfahrung und Erwartung am Werk. Weitergetrieben wurde diese Entwicklung, als Jan van Leiden die Ehepflicht für alle Männer und Frauen in der Stadt ausrief. Damit sollten der durch den Zuzug der Flüchtlinge und die Flucht vieler Männer aus der Stadt prekär gewordene Frauenüberschuß familiär gebunden werden. So kam es zur Einführung der Polygamie. Ein Mann sollte mehrere Frauen haben können. Bernd Rothmann, der seine eigenen Reforminitiativen zurückstellte, fand dafür alttestamentliche Begründungen. Diese Innovation lief jedoch nicht reibungslos ab. Es kam zu einem von Heinrich Mollenhecke angeführten Aufstand, der blutig niedergeschlagen wurde, der aber zeigte, wie schütter die innere Einheit in der Stadt war und daß sie nur unter Zwang aufrecht erhalten werden konnte.

Im August 1534 setzten die Belagerungstruppen ein zweites Mal zum Sturm auf die Stadt an. Auch dieses Mal wurde die Attacke abgewehrt, und die Truppen mußten sich unter großen Verlusten zurückziehen. Das hat das Selbstbewußtsein der täuferischen Führung in der Stadt gestärkt. Gott sei tatsächlich mit ihnen, wurde daraus geschlossen. Das hat ihr aber auch gezeigt, wie bedroht ihre Lage wirklich war. Offensichtlich war es nur noch eine Frage der Zeit, bis die Stadt den Truppen zum Opfer fallen würde. Um das Erreichte zu sichern und die immer noch angefochtene Einheit nach innen zu stärken, konzentrierte sich die Macht auf den Propheten Jan van Leiden. Er hatte die Abwehr der Belagerungstruppen organisiert. Um ihm eine angemessene rechtliche Stellung in der Stadt zu verleihen, war der Gedanke aufgekommen, ihn zum König zu krönen und Münster zum Königreich zu erklären. Mit den Juden war es ja auch weitergegangen, als David zum König über das Volk Israel erhoben worden war. Jan van Leiden wurde zum »neuen David«, dessen Herrschaft zu gegebener Zeit allerdings durch einen neuen Salomon abgelöst werden sollte. Der neue Salomon aber sollte Christus sein, der im Reich des Friedens herrschen wird. Jan van Leiden wurde »König vom neuen Jerusalem und der gantzen Welt«, hieß es. Mehr als bisher konnte jetzt der Anspruch der Weltherrschaft geltend gemacht werden. Daran knüpften die Täufer fortan ihre Erwartungen. Auch konnte so auf ganz pragmatische Weise durch die Versuche, die Weltherrschaft über die Stadt hinaus zu proklamieren und erste Schritte in diese Richtung durch Sendboten in alle Welt einzuleiten, von der prekären Belagerungssituation abgelenkt und diese vielleicht sogar durch neue Schauplätze des Kampfes in aller Welt nach und nach aufgeweicht werden. Das erhofften sich die Täufer von der Einführung der Königsherrschaft. Auch hier bestimmte die Spannung von Erfahrung und Erwartung ihr Vorgehen. Die prunkvolle Inthronisation Jan van Leidens zum König und die Errichtung eines Hofstaates im September 1534 hielten die Stadt in Atem und trugen dazu bei, sie nach Innen noch mehr zu festigen. Das Königreich des Neuen Israel war eine Einrichtung im Plan Gottes auf dem Weg in sein Reich. Das machte Mut, hielt zusammen und nährte die Hoffnung auf einen guten Ausgang der Geschichte.

Doch bereits im Oktober 1534 scheiterten die Sendboten auswärts. Sie wurden gefangen und einige hingerichtet. Das war ein herber Rückschlag für das neue Königreich. Nun richtete sich die Hoffnung auf die militärische Hilfe von Täufern aus den Niederlanden. Doch sie blieb aus, die Stadt war seit April 1535 von der Außenwelt abgeschnitten und hatte mit einer verheerenden Hungersnot zu kämpfen. Es gibt erschütternde und makabre Berichte von dem Ausmaß der Hungersnot. Schließlich fiel die Stadt am 25. Juni 1535 durch Verrat aus den eigenen Reihen. Der Bestrafung fielen ca. 650 Personen zum Opfer, Männer, Frauen und Kinder. Die meisten Opfer, die zu Tode kamen, waren erwachsene Männer. Die weit größere Zahl der Opfer aber waren Frauen und ihre Kinder. Sie wurden nicht hingerichtet, sondern nur aus der Stadt gewiesen. Die Anführer, Jan van Leiden, Bernd Knipperdollinck und Bernd Krechting, wurden gefangen, verhört und im Januar 1536 vor dem Rathaus hingerichtet. Danach wurden ihre toten Körper auf den Turm der Lambertikirche gezogen und in drei Käfigen zur Schau gestellt.

3. Ein apokalyptisches Experiment entwickelt sich

Dieses Geschehen möchte ich abschließend unter vier Gesichtspunkten kommentieren:

(1) Es fällt auf, daß die Reformation in Münster blieb, was sie von Anfang an war, eine reformatorische Bewegung. Selbst als alle Möglichkeiten obrigkeitlicher Macht vorhanden waren, ihr eine rechtliche und institutionelle Gestalt zu verleihen, jagte eine Veränderung die andere. Gewöhnlich folgte auf eine reformatorische Bewegung, sobald sie sich durchgesetzt hatte, die offizielle Einführung der Reformation. In Münster aber trieben die reformatorischen Etappenziele immer wieder über sich hinaus: die lutherische Bewegung wurde von der täuferischen abgelöst, auf die kommunal institutionalisierte Reformation, wie sie in den Anfängen zu beobachten ist, folgte eine Veränderung der Stadtverfassung zu einer Ordnung der zwölf Ältesten und darauf die Einführung einer monarchischen Verfassung. Eine solche unabgeschlossene Dynamik war typisch für die soziale Gestalt einer Bewegung, ihre Akti-

onsformen wechselten, ihre Organisationen, ihre Strategien, die Gegner, die ins Visier genommen wurden, und ihre Ziele.

Genau genommen bestand die Reformation der Täufer, die sich in Münster festsetzten, nicht aus einer, sondern aus zwei Bewegungen. Die erste Bewegung ging auf Impulse zurück, die aus der Reformaktivität Bernhard Rothmanns erwuchsen und eine Anhängerschaft mobilisierten, die eine Erneuerung der bürgerlichen und kirchlichen Gemeinde in Münster anstrebten, also eine Stadtreformation. Die zweite Bewegung entwickelte sich aus der ersten. Da sich inzwischen aber zahlreiche Veränderungen eingestellt hatten, der Austausch eines großen Bevölkerungsanteils, die immer enger werdende Belagerung der Stadt und täuferische Anschauungen, die über die Anleihen der Wassenberger Prädikanten und Rothmanns am melchioritischen Täufertum hinausgingen, mußten sich der soziale, politische und religiöse Charakter der Bewegung verändern, ebenso das Verhalten ihrer Anführer und Anhänger, das an Militanz zunahm, und ihre Ziele. Die Ziele verschoben sich immer mehr von der Stadtreformation zur Weltherrschaft. Was ohne Apokalyptik unter Rothmann begann, mündete bald in eine sich steigernde apokalyptische Erwartung ein. So sehr die zweite Bewegung über einen großen Teil der beteiligten Personen in Kontinuität zur ersten stand, war doch aus der ersten reformatorischen Bewegung eine ganz andere Bewegung geworden. Was blieb, war die Dynamik der Bewegung schlechthin. Sie bestimmte das Reformmodell, das für die kurze Zeit täuferischer Reformation in Münster typisch war. Aus diesem Grunde ist es eigentlich falsch, von einem »Reich der Täufer« zu sprechen, es war nur eine Bewegung auf ein »Reich« hin. Noch war alles provisorisch, tentativ und offen. Aus diesem Grunde spricht Ralf Klötzer auch nicht vom Reich, sondern von der Herrschaft der Täufer. Unter dem Druck der Belagerung war eine Entwicklung von einer Bewegung zu einer Institution in Münster offensichtlich nicht möglich. Was den Bewegungscharakter betrifft, blieb das Münsteraner Täufertum trotz der erfolgreichen Übernahme einer Stadtherrschaft im Grunde den übrigen Bewegungen der Täufer ähnlich: eine obrigkeitliche Täuferreformation blieb eine Bewegung – ein Widerspruch in sich selbst.

(2) Die Herrschaft, die von den Täufern ausgeübt wurde, war zunächst nichts anderes als die Macht, die lokale Obrigkeiten gewöhnlich inne hatten. Einmal durch die Ratswahl an die Macht gekommen, standen die Täufer vor der Aufgabe, Ordnung, Einheit und Frieden in der Stadt zu wahren. Wären die Mehrheitsverhältnisse im Rat noch einmal zugunsten der Lutheraner ausgefallen, hätte der lutherische Rat nicht anders handeln können. Für die Kirchen in der Stadt hätte er selbstverständlich eine lutherische Kirchenordnung erlassen.

Die Messe wäre abgeschafft, die Predigt in das Zentrum des Gottesdienstes gerückt, ein gemeiner Kasten zur Unterstützung der Bedürftigen eingerichtet und der Klerus wäre endgültig in die bürgerliche Ordnung der Stadt eingegliedert worden. Das alles sind typisch lutherische Reformelemente. So dürfte es nicht sonderlich verwundern, wenn die Täufer ähnlich verfuhren, nur daß sie ihre besonderen reformatorischen Einsichten durchzusetzen versuchten. Ihre Grundforderung war die Einführung der Glaubenstaufe. Als ein Ritus, der die Gläubigen in die Gemeinde eingliederte, wurde ihr jetzt auch die Aufgabe übertragen, die Einheit des gesamten Gemeinwesens zu wahren, das heißt, die kirchliche mit der bürgerlichen Gemeinde gleichzuschalten. Kirchenrechtlich hatte sich nichts geändert. Strukturell war diese Funktion der Glaubenstaufe der einstigen Funktion der Kindertaufe nicht unähnlich. Beide wurden zu einem verfassungsrechtlichen und politischen Instrument, das zur Führung und zum Erhalt eines Gemeinwesens genutzt wurde. Die Trennung von Kirche und weltlichem Gemeinwesen, die mit der Taufe der Täufer eigentlich markiert worden war, kam in Münster nicht zum Tragen. Zur entschiedenen Absicht, die Stadt in ihrem Sinne umzugestalten, gehört auch das Bemühen, Gleichheit unter den Einwohnern herzustellen – auch was den Privatbesitz betraf. Um alle gleichzustellen, wurde bald angeordnet, die Besitzurkunden zu verbrennen und sich nicht auf das Eigene, sondern ganz auf Gott zu verlassen. Es ging den Täufern tatsächlich um eine Umgestaltung oder Erneuerung des kommunalen Lebens. So wollten sie dem Willen Gottes, wie sie ihn verstanden, folgen.

Die Absicht der Täufer war, wie Melchior Hoffman sie bereits propagiert hatte, eine Reformation der Kirche mit friedlichen Mitteln anzustreben. So begann es in Münster denn auch mit einer friedlich gesonnenen täuferischen Bewegung. Erst als die Widerstände zu stark wurden, sah die täuferische Obrigkeit sich gezwungen, gewaltsame Mittel einzusetzen, um Ordnung und Einheit in der Stadt zu schaffen und zu wahren. Die Täufer haben getan, was jede kommunale Obrigkeit damals nicht anders getan hätte. Auch geht die Gewaltbereitschaft der Täufer eher auf die stadtbürgerlich motivierte Bereitschaft zur Selbstverteidigung zurück als auf die apokalyptische Grundstimmung der Melchioriten.

(3) Zu den Besonderheiten, die das Täufertum mit nach Münster brachte, gehörte auch die apokalyptische Erwartung der Weltveränderung am Ende der Tage, wie Melchior Hoffman landauf und landab von der Erwartung des »Neuen Jerusalem« gepredigt hatte. Das war eine Chiffre für ein Friedensreich, das die Wiederkunft Christi vorbereiten sollte. Vorausgehen mußte diesem Friedensreich allerdings die Säuberung der Welt von den Gottlosen,

vor allem vom Kaiser, Papst und von allen Irrlehrern. Diesen Kampf sollten die Reichsstädte führen, allen voran Straßburg. Diese Predigt kombinierte Hoffman mit dem Aufruf, das Leben eines jeden Einzelnen von aller Sündhaftigkeit zu reinigen und die Geläuterten mit der Taufe in den Bund zu führen, den Gott mit den Menschen schließt und der die apokalyptischen Wirren der Endzeit überdauern wird. Diesen martialischen Kampf sollten die Täufer nicht führen. Sie sollten ihn nur mit ihren Gebeten und Schanzarbeiten in der belagerten Stadt unterstützen, in der das Neue Jerusalem entstehen wird. Ist Babylon untergegangen, wird »eine Theokratie entstehen, in der der fromme König und der geisterfüllte Prophet Hand in Hand arbeiten – wie einst im alten Israel unter Salomo« (Klaus Deppermann). Die apokalyptische Ausrichtung des Täufertums wurde von dem Propheten Jan van Leiden nach Münster getragen und dann vor allem von Jan Matthijs vertreten. Er hatte entscheidend dazu beigetragen, daß die Täufer das von Hoffman erwartete Neue Jerusalem im westfälischen Münster ausriefen. Jetzt erst wurde aus einer täuferisch orientierten Stadtreformation eine täuferisch-apokalyptische, auf das erwartete Gottesreich hin direkt ausgerichtete Reformation. Die Ältestenordnung bezieht sich auf ihre Präfiguration im Alten Testament zurück und steht biblisch gesehen in keinem apokalyptischen Zusammenhang. Doch mit ihr ist es wie mit der Errichtung des davidischen Königreichs am Ende der Tage: Sie werden in einen neuen apokalyptischen Zusammenhang in Münster gestellt und dienen der entschiedenen Absicht, die Entwicklung der Stadt zum Reich Gottes hin zu sichern und voranzutreiben. Daß König und Prophet miteinander herrschen werden, war schon die apokalyptische Vision Melchior Hoffmans – nur daß er dabei nicht an Münster dachte. Nach dem Ausbruchsversuch des Jan Matthijs, so hat die neuere Forschung immer deutlicher herausgestellt, ließ die Radikalität der apokalyptischen Erwartung des Gottesreichs auf Erden allmählich nach. Zwar wurde das Ende der Welt im Endgericht weiterhin erwartet, aber das Reich Gottes selbst würde sich erst nach dem Ende dieser Geschichte einstellen. In der Antwort auf die Kapitulationsforderung antworteten die Täufer, daß sie sich sogar darauf eingestellt hätten, »ock under den voithen des beestes verstampeth« zu werden. Sie begriffen sich jetzt nur noch als Präfiguration des zukünftigen Gottesreichs und warteten darauf, daß Gott sie schließlich in sein Regiment einsetzen werde. So ist ganz deutlich zu beobachten, wie sich unter der strenger werdenden Belagerung allmählich ein Wandel von immanenter zu transzendenter Erwartung dieses Reiches vollzog. Ebenso deutlich ist, daß sich die Proklamation der Weltherrschaft mit ihren Herrschaftssymbolen vor allem gegen den Klerus wandte und nicht gegen die ungetauften weltlichen Herrscher.

Auch das war eine abgemilderte Form des apokalyptischen Anspruchs auf alleinige Weltherrschaft. Dieses Abebben apokalyptisch orientierter Politik zeigt, wie sensibel der Mechanismus von Erfahrung und Erwartung auf die jeweilige Situation im belagerten Münster reagierte.

(4) Von Melchior Hoffman wurde auch die Lehre von der Menschwerdung Christi übernommen: geboren in Maria, nicht aus Maria, das heißt, Christus hatte nicht das sündhafte menschliche Fleisch angenommen. Mit dieser monophysitischen Lehre vom »himmlischen Fleisch« Christi wurde eine Begründung für das Streben der einzelnen Menschen nach innerer Läuterung und der Gemeinde als der »Braut Chrisiti« nach Reinheit gefunden. Diese Inkarnationslehre war den Täufern so wichtig, daß sie die biblische Belegstelle aus dem Johannesevangelium zum Wahlspruch ihrer Reformation erhoben. Allerdings wurde diese Stelle signifikanterweise abgewandelt. Es heißt jetzt nicht, »Das Wort *ward* Fleisch«, sondern »Das Wort *wird* Fleisch«. So wurde der Wahlspruch auf eine Münze geprägt, die den Getauften zur Festigung ihrer Taufe ausgehändigt wurde. Das »Wort« wird sich nicht ins menschliche Fleisch mischen, sondern umgekehrt, es wird sich dieses Fleisch anverwandeln. Sofern es Gestalt annimmt, verändert es das Menschliche. Alles wird rein. Diese Auffassung liegt auch der aus der spätmittelalterlichen Mystik stammenden Rede von der Vergöttlichung des Menschen im Heilsprozeß zugrunde. Mit der an die Nachfolge Christi gebundenen Reinheitsforderung erhält das Bemühen, die Kirche und das politische Gemeinwesen von Grund auf zu reformieren, seine besondere Dringlichkeit. Hier erhält der frühere Antiklerikalismus der Täufer allerdings noch eine apokalyptische Note. Es werden nicht nur die Heiligenbilder in den Kirchen gestürmt und die Skulpturen der Anbetung aus ihren Halterungen gerissen. Es wird nicht nur der Raum des Gottesdienstes gesäubert, nein, viel mehr: Die Gotteshäuser selbst werden verlassen und sich selber überlassen. Im »himmlischen Jerusalem«, so steht es in der Offenbarung des Johannes (Offenbarung 21,22), wird es keinen Tempel mehr geben, denn Gott selber ist der Tempel. Mit dieser Stelle haben die Täufer also ihren Antiklerikalismus radikalisiert. Sie haben ihre Gottesdienste aus den Kirchen in profane Versammlungshäuser in den Stadtvierteln ausgelagert, die Türme der Kirchen gestutzt, um den Belagerern die Orientierung aus der Ferne zu erschweren, und Steingut und Mauerwerk aus den Kirchen genutzt, um mit ihnen die Stadtmauern zu verstärken. Nach der Säuberung von den Gottlosen und von den Symbolen gottloser Herrschaft, wozu auch die Kirchen gehörten, wird das Neue Jerusalem in biblischem Glanz auf Erden errichtet sein – doch nicht nur in Münster, sondern in aller Welt. So wurde die täuferische Reformation mit Hilfe des apokalyptischen

Gedankens auch universalisiert: die ganze Welt soll erneuert werden, eine Erneuerung, die von dem Königreich zu Münster ausgehen und bald die ganze Welt umfassen wird. So wurde das individuelle Heil mit dem Heilsgeschehen der Stadt und schließlich der ganzen Welt verbunden. Das stärkte den Zusammenhalt der Täufer in Münster. Sie empfanden sich als eine Gemeinde, in der jeder für jeden einstand (wie sie sich in ihren Abendmahlsfeiern am Belagerungswall gegenseitig versicherten), und sie verstanden ihre Gemeinde als die Vorwegnahme der göttlichen Monarchie, die in Zukunft zur Weltmonarchie wird. Noch einmal: Erfahrung und Erwartung waren hier so eng miteinander verbunden, daß sich daraus eine Logik entwickelte, die das Leben in Münster in aller Selbstverständlichkeit leitete. Wäre diese Logik nicht dem Verrat Münsters an die Belagerer zum Opfer gefallen, so wäre tatsächlich eingetreten, was Leopold v. Ranke meinte, sie hätte den »ganzen Gang der Kultur« unterbrochen, zumindest hätte sie gezeigt, daß unterbrochen werden kann, was unter den Menschen schief gelaufen war. Freilich hätte sich auch gezeigt, was die Münsteraner Täufer so nicht sahen, daß der Versuch der Menschen, das Neue Jerusalem in dieser Welt zu installieren, immer noch an der Verstricktheit des Menschen in die Sünde scheitert. Hier befinden wir uns an der Grenze zwischen dem historischen und dem theologischen Urteil über die Täufer in Münster. Wie die Täufer darauf theologisch reagiert haben, wird beispielsweise an Menno Simons gezeigt werden können, der in diesen turbulenten Jahren gerade dabei war, sich von einem Priester zu einem Täufer zu entwickeln.

Zeittafel zu den Täufern in Münster

1525	Antiklerikale Unruhen und Klosterstürme in Münster
1529	Bernhard Rothmann (ca. 1495–nach 1535) wird Vikar an St. Mauritius vor den Toren Münsters und erhält Predigterlaubis. Er zählt zu den reformbereiten Klerikern und erregt mit seinen kirchen- und frömmigkeitskritischen Predigten den Argwohn des Domkapitels. Eine antiklerikal-reformationsfreundliche Öffentlichkeit beginnt zu entstehen.
1530	Melchior Hoffman tauft in Emden (Massentaufen).
1531	Um härteren Auseinandersetzungen vorläufig auszuweichen, holt Rothmann sich Rat in Marburg, Wittenberg und Straßburg. Er nimmt nach seiner Rückkehr die Predigttätigkeit wieder auf. Kritik an der altgläubigen Rechtfertigungslehre im Sinne der Reformation.
1532	Rothmann wird Predigtverbot angedroht, er facht die Auseinandersetzungen um die Reformation im Klerus und in der Bevölkerung an.
1532 (Jan./Febr.)	Rothmann muß geistlichen Bezirk des Bischofs verlassen, hält sich, von reformbereiten Bürgern unterstützt, in Münster auf, wird am 18. Februar zum evangelischen Pfarrer an St. Lamberti gewählt und legt dem Rat *Eyn korte Bekantnisse der leere* vor, um die offizielle Einführung der Reformation in der Stadt durch den Rat vorzubereiten.
1532 (Juni)	Neuer Bischof, Franz v. Waldeck, wird gewählt.
1532 (Juli)	Der Rat laviert zwischen Bischof und Bürgern (Gilden). Auf Drängen der Gesamtgilde wird Rothmanns Lehre vom Rat offiziell anerkannt; die Stadtkirchen sollen mit evangelischen Predigern besetzt werden.
1533 (Februar)	Die Einführung der Reformation gestaltet sich schwierig. Nach bedrohlichen Unruhen vor dem Bischofssitz in Telgte wird eine Übereinkunft mit dem Bischof

	geschlossen, daß in den Stadtkirchen evangelisch gepredigt werden darf (Vertrag von Dülmen).
1533 (März)	Aus der Ratswahl gehen die proreformatorischen Kräfte als Mehrheit hervor. Aus Rücksicht auf die außenpolitische Lage zögert der Rat noch mit der Einführung der (lutherischen) Reformation.
1533 (Juli)	Theologen der Universität Marburg weisen die Münsteraner Kirchenordnung zurück.
1533 (Juli)	Nachdem sich die spiritualisierende Abendmahlsauffassung durchgesetzt hatte, wurde auch über die Rechtmäßigkeit der Kindertaufe disputiert (noch nicht unter dem Einfluß der niederländischen Täufer, sondern nur soweit die Wassenberger Prädikanten vom melchioritischen Taufverständnis Kenntnis hatten).
1533 (Sept.)	Der Rat lehnt, vor allem aus außenpolitischen Gründen, die Kindertaufe ab. Rothmann muß wegen seiner Kritik an der Kindertaufe St. Lamberti verlassen. Die Preisgabe der Kindertaufe wird immer deutlicher zum unaufgebbaren Kennzeichen der rothmannschen Bewegung.
1533 (Nov.)	Versuch des Rats mißlingt, Rothmann und die Wassenberger Prädikanten auszuweisen. Ein militärisch aufgebauter Konflikt braut sich zusammen. Deutlich bilden sich die Profile reformatorischer Parteien heraus: Lutheraner, Rothmannianer bzw. Prototäufer.
1533 (Nov.)	Rothmanns *Bekenntnis von beiden Sakramenten* (Taufe und Abendmahl) erscheint.
1533 (Nov.)	Lutherische *Kirchenordnung* wird Ende des Monats in Münster eingeführt (von dem hessischen Theologen Dietrich Fabricius – im Sinne der Ratspolitik, nicht im Sinne Rothmanns und seiner radikaleren Anhänger in den Gilden).
1533 (Dez.)	Rothmanns Sakramentsschrift wird nach Amsterdam gebracht.

1534 (Jan.)	Erste Erwachsenentaufe durch Sendboten des Jan Matthijs in Münster
1534 (Jan.)	Jan van Leiden erscheint ein zweites Mal in Münster.
1534 (Febr.)	Konfrontation zwischen Täufern, Lutheranern und Katholiken wird politisch beigelegt. Die Täufer können weiter tätig sein.
1534 (Febr.)	Ankunft des Propheten Jan Matthijs in Münster
1534 (Febr.)	Bischof beginnt mit Vorbereitungen zur Belagerung der Stadt.
1534 (23. Febr.)	Ratswahl: Mehrheit der Täufer (Rat und Bürgermeister)
1534 (27. Februar)	Die militärische Belagerung setzt ein, zahlreiche Lutheraner und Katholiken verlassen die Stadt oder werden ausgewiesen.
1534 (März)	Einführung der Gütergemeinschaft
1534 (April)	Tod des Jan Matthijs bei Ausbruchsversuch aus der Stadt, Ältestenordnung löst Ratsverfassung ab.
1534 (Mai)	Erster Sturm auf die Stadtmauern wird abgewehrt.
1534 (Juli)	Einführung der Vielweiberei – Aufstand Heinrich Mollenheckes dagegen. Rothmann rechtfertigt die Polygamie mit alttestamentlichen Hinweisen.
1534 (Aug.)	Zweiter Sturm auf die Stadtmauern wird abgewehrt.
1534 (Sept.)	Jan van Leiden wird König zu Münster (»neuer David«).
1534 (Okt.)	Rothmanns *Restitution rechter und gesunder christlicher Lehre* erscheint.
1534 (Okt.)	Aussendung der 27 Apostel (Proklamation der Weltherrschaft)
1534 (Dez.)	Rothmanns Schrift *Von der Rache* erscheint als Reaktion auf die Nachricht, daß die ausgesandten Sendboten gefangen gesetzt und hingerichtet wurden.

1535 (März/April)	Sturm auf das Oldeklooster bei Bolsward (Westfriesland)
1535 (April)	Münster wird von Belagerern eingekreist und von der Umwelt abgeschnitten.
1535 (Mai)	Aufstand der Täufer in Amsterdam (Rathaus)
1535 (Ende Juni)	Münster wird gestürmt und fällt durch Verrat.
1536 (Januar)	Nach Verhören werden Jan van Leiden, Bernd Knipperdollingk und Bernd Krechting hingerichtet.

Die alte Ordnung wird wiederhergestellt
Tusche, Feder, Pinsel, von Alfred Hrdlicka, *Ästhetik des Grauens. Die Wiedertäufer*, Rhema-Verlag, Timothy Doherty, Münster 2003, Blatt 12.

Menno Simons – Von Babylon nach Jerusalem

Menno Simons wurde gelegentlich der vierte Reformator genannt: neben Martin Luther in Wittenberg, Ulrich Zwingli in Zürich und Johannes Calvin in Genf nun der entlaufene Priester einer katholischen Dorfkirche im westfriesischen Witmarsum. Damit wurde ihm wirklich zu viel Ehre erwiesen. Seine Theologie wurde maßlos überschätzt und seine Wirkung übertrieben. Und doch darf nicht vergessen werden, daß er der erste protestantische Reformator auf dem Boden der Niederlande war. Seine Anhänger waren auf den Plan getreten, bevor Lutheraner und Reformierte in den niederländischen Provinzen Fuß fassen und sich ausbreiten konnten. Menno Simons war kein wortgewaltiger Priester, nicht sonderlich kreativ und visionär veranlagt, er war akademisches Mittelmaß. Und doch hatte er der Bewegung zur Zeit der Reformation einen Stempel aufgedrückt, die sich unter schwerer Verfolgung zur ersten Freikirche der westlichen Christenheit entwickelte. Um so erstaunlicher ist, wie unbekannt dieser Mann ist. Seine Stimme ist nicht im ökumenischen Dialog zu hören, selbst in der eigenen Kirche ist sie verstummt. Wer liest seine Schriften, wer erforscht sein Wirken, das Spuren in den Niederlanden, am Niederrhein, in Ostfriesland und an der Ostseeküste hinterließ? Wer setzt sich mit ihm auseinander? Hier versagt der Vergleich mit den übrigen Reformatoren endgültig. Sie reden noch mit, vor allem und immer wieder Martin Luther, Menno Simons aber nicht.
Noch etwas ist seltsam. Er gehört nicht zu ihren Begründern und ist doch der Namenspatron der Mennoniten geworden – weltweit: in Deutschland, der Schweiz, Frankreich und Rußland, in Nord- und Südamerika, am Kongo, in Kenya und Äthiopien, in Indien, auf Java und in Japan. In den Niederlanden selbst hat sich der Parteiname, mit dem seine Anhänger als Ketzer stigmatisiert wurden (»Menisten«) nicht durchgesetzt. Hier gab es nach inneren Auseinandersetzungen in den späten fünfziger Jahren des 16. Jahrhunderts keine »Mennoniten«, sondern nur »Taufgesinnte« (»Doopsgezinde«). Eine Ausnahme bildeten einige Friesen, die sich gern »Menonieten« nannten. Menno Simons wird das nicht recht gewesen sein, denn wiederholt hat er seine Anhänger aufgefordert, nicht auf ihn, sondern allein auf Jesus Christus zu schauen, wie Luther einst in Augsburg sagte: »Martinus ist nichts, Jesus ist alles.« Menno Simons war kein Mann der ersten Stunde wie Konrad Grebel, Hans Hut und Melchior Hoffman, die schon vorher die reformatorisch-täuferische Bewegung in Gang gebracht hatten. Er hat sich dieser Bewegung nur angeschlossen. Er war ein Epigone – nicht eben originell, doch einfühlsam,

ein »guter« Hirte, der sich um seine Schafe kümmerte, und er war von besonderer Überzeugungskraft.

1. Innerer Zwiespalt – »evangelischer Priester«

Menno Simons kam 1496 in Witmarsum, einem kleinen Ort in Westfriesland, zur Welt. Es kann auch etwas früher oder später gewesen sein. Das Geburtsjahr steht nicht fest. Seine Eltern waren Bauern, doch ganz genau weiß man auch das nicht. Die Schule hat er in einem nahegelegenen Kloster besucht, vielleicht war es die Klosterschule der Prämonstratenser bei Bolsward. Hier trat er mit fünfzehn Jahren ins Noviziat ein und wurde fünf Jahre später Diakon. Zum Priester wurde er höchstwahrscheinlich 1524 in Utrecht oder in Bolsward geweiht. Danach übernahm er seine erste Pfründe als Vikar in dem Geburtsort seines Vaters, in Pingjum. Hier müssen ihm bereits erste Zweifel an der Realpräsenz Christi in den Abendmahlselementen gekommen sein. Das waren Zweifel, wie sie in der Bewegung der sogenannten Sakramentarier in den Niederlanden auch sonst ganz allgemein schon geäußert worden waren und sich bald mit den ersten Nachrichten von der Reformation in Deutschland verbanden. In der Kirche wurde es unruhig. Weder Gespräche mit seinen Amtsbrüdern noch die Lektüre der Heiligen Schrift (die er vorher gar nicht recht kannte) halfen ihm, diese Verunsicherung zu überwinden. Als er erfuhr, daß der Täufer Sikke Freerks 1531 in Leeuwarden hingerichtet worden war, begann er auch an der Rechtmäßigkeit der Säuglingstaufe zu zweifeln, und gelangte zu der Einsicht, »daß wir mit der Kindertaufe betrogen« worden seien.

Mit diesen Zweifeln wechselte Menno Simons 1532 nach Witmarsum über. Allerdings war es nicht der Priester alten Schlages, der nach Witmarsum kam, sondern in eigentümlicher Zerrissenheit ein »evangelischer Priester«. Hier kam er erstmals mit Täufern in Berührung und mußte sich mit diesen aufmüpfigen, unruhigen Geistern auseinandersetzen. Die Täufer, die Friesland unsicher machten, gingen auf Melchior Hoffman zurück, einen radikal-lutherischen Laienprädikanten, der durch Livland, Schweden, Dänemark, Schleswig-Holstein und Ostfriesland gezogen und in Straßburg mit zahlreichen Glaubensflüchtlingen, mit Gegnern der Kindertaufe, mit Spiritualisten und Apokalyptikern in Berührung gekommen war. In diesem Schmelztiegel reformatorischen Dissents erhielt er Anregungen, die ihm halfen, die endgültige Abkehr von der offiziellen Reformation zu vollziehen und ein endzeitlich-vergeistigtes Täufertum ganz eigener Art zu begründen – anders als in der Schweiz und in Oberdeutschland, wo täuferische Bewegungen bereits 1525 entstanden waren. Melchior Hoffman bemühte sich, die Menschen innerlich zur Läuterung zu führen und durch die Taufe, die als Bund zwischen Gott und Mensch vorgestellt wurde, in die endzeitliche Gemeinde der Heiligen einzugliedern. Er sah große apokalyptische Kämpfe voraus und prophezeite die Wiederkehr Jesu Christi, die nach der Säuberung der Welt von den Gottlosen durch die Aufrichtung eines Friedensreiches vorbereitet werden sollte. Die Schlacht gegen Kaiser, Papst und Irrlehrer, die Exponenten der Gottlosigkeit, sollten die Reichsstädte führen, allen voran Straßburg. Die Täufer selbst sollten nicht zu den Waffen greifen, sondern den »Kuß vom ewigen Frieden« in die Welt tragen und das »geistliche Jerusalem« aufbauen: Pazifisten inmitten apokalyptischer Gewaltsamkeit. Diese Idee fand Zuspruch in Ostfriesland und den Niederlanden. Durch die vorreformatorische Sakramentskritik in weitem Maße der alten Kirche entfremdet, war die holländische Bevölkerung für die Lehre Hoffmans besonders empfänglich, zumal die Menschen in den niederländischen Provinzen auch unter der strengen katholischen Herrschaft Habsburgs litten. Diese Ideen gaben dem gegenwärtigen Leid einen positiven Sinn und weckten Hoffnung auf bessere Zeiten. Die Bewegung der Täufer, die bald weite Teile der Niederlande erfaßte, begann mit Melchior Hoffman 1530 in Emden.

Trotz heftiger Verfolgungen wuchs diese Bewegung an, ihre anfängliche Friedfertigkeit schlug allerdings in apokalyptische Militanz um. Der Druck der Situation ließ den Täufern offensichtlich keine andere Wahl, wenn sie das Ziel des »neuen Jerusalem« nicht aus den Augen verlieren wollten.

In zahlreichen Gegenden war es unruhig geworden und bald hatte sich herumgesprochen, daß die Täufer 1534 in Münster durch eine Ratswahl auf legale Weise an die Macht gekommen waren und die Stadt sich als der Ort empfahl, an dem das »neue Jerusalem« erwartet wurde. In Amsterdam liefen im Februar 1535 Täufer durch die Gassen, schwangen Schwerter über ihren Häuptern und kündigten den Tag der Rache an; Männer und Frauen liefen nackt durch Straßen und über Plätze und versetzen alle mit furios ausgestoßenen Wehe- und Bußrufen in Angst und Schrecken. Andere versuchten im Mai 1535, das Rathaus zu stürmen. Diese frühen Täufer in den Niederlanden waren alles andere als friedfertig, bescheiden und sittsam, alles andere als die »Stillen im Lande«. Sie waren rebellisch. Viele verließen Hab und Gut, oft auch ihre Familien, Männer und Frauen, und brachen nach Münster auf. In wenigen Wochen verwandelte sich die Stadt in eine Vorform des »neuen Jerusalem«. Wer nicht bereit war, sich der Taufe zu unterziehen, mußte die Stadt verlassen. Es wurde hart durchgegriffen, die Einwohner wurden gleichgeschaltet, und es wurden Herrschaftsformen erfunden, die einer endzeitlich-visionären Grundstimmung entsprachen. Nach außen erschien Münster als das Schreckgespenst täuferischer Herrschaft durch Gewalt und Terror. Im Grunde aber war es der verzweifelte Versuch, eine kommunale, endzeitliche Herrschaft unter den verschärften Bedingungen militärischer Belagerung durch reichsständische Heere aufzurichten. Im Juli 1535 fiel die Stadt durch Verrat, eine Niederlage, die das melchioritische Täufertum überall in eine schwere Krise stürzte.

2. Ein gefährlicher Prediger im Untergrund
Diese Bewegung zerfiel in verschiedene Richtungen: in revolutionäre, spiritualistische und pazifistische Täufer. In vielen lebte die Aufstandsmentalität ungebrochen fort, manche zogen sich resignierend zurück oder wandten sich, bestürzt von dem, was geschehen war, ab.
In den letzten März- und den ersten Apriltagen 1535, also noch vor dem Fiasko in Münster, hatten Täufer das Oldeklooster in der Nähe Witmarsums gestürmt, und in einem martialischen Waffengang wurden sie von den Truppen des Statthalters zusammengeschlagen. Unter den Opfern soll sich auch ein Bruder von Menno Simons befunden haben. Das Massaker von Oldeklooster war der letzte Anstoß für den Priester von Witmarsum, die alte Kirche 1536 zu verlassen und sich den Täufern zuzuwenden. Vorher vielleicht schon ließ er sich von dem Täufer Obbe Philips taufen, und 1537 wurde er zum Ältesten der täuferischen Gemeinde in Groningen eingesetzt. Wie Menno Simons selber schrieb, hat er sich den Täufern nicht aufgedrängt, er wurde vielmehr gerufen: »So bin ich elender großer Sünder vom Herrn erleuchtet und zu einem neuen Sinn bekehrt worden. Ich bin aus Babel geflohen, nach Jerusalem gezogen und zuletzt als Unwürdiger in diesen hohen und schweren Dienst gekommen.«
Menno Simons stand unter dem starken Einfluß des militant-aufgewühlten Täufertums, als er den Entschluß faßte, mit der römischen Kirche zu brechen und sich in den Dienst der Täufer zu stellen. In aller Deutlichkeit trennte er sich allerdings von der Vorstellung, die Täufer müßten mit apokalyptischer Militanz das »neue Jerusalem« erst noch herbeizwingen. Für Menno Simons steht nichts mehr aus, keine neue Stufe zur Vollendung des Heils, als ob noch etwas zurückgehalten worden wäre. Für ihn ist die »Zeit der Gnade« bereits angebrochen. Das ist die Präsenz Gottes, Jesu Christi und des Heiligen Geistes jetzt schon in der Gemeinde der Gläubigen, hier ist das »neue Jerusalem« bereits angebrochen und antizipiert das Reich Gottes.
Erst allmählich arbeitete sich Menno Simons zum Konzept eines friedfertigen Täufertums durch und trug dazu bei, daß aus den rebellischen Brüdern und Schwestern die sprichwörtlich »Stillen im Lande« wurden. Gleichwohl

war es ein beschwerlicher Weg, den Menno Simons beschritt, denn apokalyptische Militanz war in den Augen geistlicher und weltlicher Obrigkeiten ebenso verwerflich wie pazifistische Zurückgezogenheit. Beides wurde verfolgt, wie Menno Simons sich viel später anklagend erinnerte: »Ja, wenn die Prediger auf weichen Betten und Kissen liegen, müssen wir uns gewöhnlich in verborgenen Winkeln heimlich verstecken. Wenn sie auf allen Hochzeiten und Kindtaufen mit Pfeifen, Trommeln und Lauten prahlen, müssen wir uns, wenn die Hunde bellen, vorsehen, ob nicht die Häscher da sind.« Menno Simons war den Behörden so gefährlich geworden, daß 1542 ein Kopfgeld auf ihn ausgesetzt wurde. Auf seinen Fluchtwegen, die ihn an den Niederrhein und nach Ostfriesland führten, dann auch in die Gegend von Lübeck und Wismar, sammelte er die versprengten Täufer, predigte und taufte an geheimen Orten und kämpfte gegen die Reste münsterischer Auswüchse, auch gegen den spiritualistisch orientierten Täufer David Joris, einen Glasmaler aus Delft, der unter den niederländischen Täufern nach der Niederlage Münsters zunächst tonangebend war. Menno Simons hatte schon früh begonnen, noch als »evangelischer« Priester, seine Gedanken in Traktaten niederzuschreiben, 1539/40 schließlich brachte er sein *Fundamentbuch* heraus, die Summe seiner religiösen Überzeugungen. Nicht die Menschensatzungen des Papstes, sondern die Lehre Jesu Christi ist das Fundament des Glaubens. Das ist der rote Faden, der sich durch dieses Buch zieht – mehr ein weitschweifiges Erbauungsbuch als eine Dogmatik, natürlich auch eine Verteidigungsschrift der friedfertigen Täufer. Aus dem roten Faden wurde bald der Wahlspruch des herumziehenden Ältesten: »Kein ander Grund mag gelegt werden, dann der gelegt ist, nemlich Jesus Christus« (1. Korinther 3,11). Das war eine christologische Zuspitzung des Evangeliums, die an Luthers »was Christum treibet« erinnert oder an Karl Barths christologische Konzentration der Theologie. Und es war für mich ein eindrucksvoll-beglückendes Erlebnis, als ich vor zwei Jahren erleben durfte, wie der katholische Weihbischof in Hamburg auf der Kanzel der Mennonitenkirche in Altona, auf der ich in den 1960er Jahren regelmäßig gestanden habe, in einer Predigt den Wahlspruch des ehemaligen Priesters von Witmarsum auslegte. Es war, als habe für eine Weile ein »evangelischer« Weihbischof auf der Kanzel einer Mennonitenkirche gestanden. So kann ein Ort Menschen verwandeln. War Menno Simons nicht von »Babylon« nach »Jerusalem« gezogen?

3. Kontroversen beherrschen das reformatorische Denken
Mit der Konzentration auf Christus verband sich bei Menno Simons die Übernahme einer besonderen Lehre von der Menschwerdung Christi, die von

der orthodoxen Lehrtradition abwich. Bereits Melchior Hoffman hatte nichts auf Jesus kommen lassen und die Vorstellung aufgabelt, daß Jesus Christus nicht das Fleisch der Menschen angenommen habe, sondern in »himmlischem Fleisch« auf Erden wandelte: rein, vollkommen und ohne Sünde. Formelhaft gesprochen: Jesus sei nicht »ex Maria«, sondern »in Maria virgine« geboren worden. So hat der surrealistische Künstler Savador Dalí Maria in einer Version der *Madonna von Port Lligat* dargestellt (s. Abb. nach S. 80), wie sie Jesus in ihrem Mutterleib trägt, ohne daß dieser sie berührt. Er schwebt in ihrer Bauchhöhle. Nur einem Jesus, der ohne Sünde ist, wollte Menno Simons nachfolgen. In dieser Inkarnationslehre vereinen sich theologische Grundzüge, die das Denken dieses Reformators beherrschen.

1. Es ist zunächst die Verbindung von Christologie und Ethik, Ethik nicht in unserem heutigen Sinn als Entwurf eines Moralsystems, sondern als Aufruf zur Heiligung des einzelnen Menschen. So wurde auf der Suche nach dem Ansatz dieser Theologie der Akzent auf die Lehre von der Wiedergeburt gelegt. Richtig daran ist, daß Menno Simons die Rechtfertigung des Sünders aus Gnade allein, also die lutherische Reformationslosung, als »Rechtfertigmachung« deutete. Dem Sünder werde das Heil nicht nur zugesprochen, obwohl er Sünder ist und bleibt, sondern der Mensch werde geläutert, die Macht der Sünde wird in seinem Inneren gebrochen, so daß er ein Leben in Gehorsam gegenüber dem Willen Gottes führen könne. Buße und Umkehr, die »neue Kreatur« waren nicht nur das Motiv, das Menno Simons bewog, die römische Kirche zu verlassen, sondern auch der Inhalt seiner Predigt. Die Täufer bemühten sich, so zu werden, wie Jesus war.

2. Es ist auch eine Verbindung von Christologie und Ekklesiologie, das heißt, das Verständnis von Gemeinde oder Kirche, das in der besonderen Menschwerdungslehre wurzelt. So haben andere den theologischen Akzent gedeutet, den Menno Simons gesetzt hat. Und dieser Schwerpunkt trat immer deutlicher in seinem Werk hervor. Seine Gedanken kreisten tatsächlich um den Aufbau der Gemeinde, ihre Leidensbereitschaft, Reinheit (»ohne Flecken und Runzel«) und ihre Unüberwindlichkeit, auch ihre Freiheit. Menno schwebte eine christliche Gemeinde vor, die völlig unabhängig von der Einflußnahme durch die weltliche Obrigkeit existiert: eben eine freie Kirche. Damit verband er jedoch nicht, wie einige Täufer in der Schweiz, die Vorstellung von einer weltlichen Obrigkeit, die in keinem positiven Verhältnis zur Gemeinde, sondern »außerhalb der Vollkommenheit Christi« steht. Ganz im Gegenteil, Menno rechnete mit der Möglichkeit einer »christlichen« Obrigkeit, die seine Bemühungen um das »neue Jerusalem« unterstützen und vor allem gegen die mächtige Hierarchie des Klerus in Schutz nehmen würde.

Menno Simons hat den Gedanken an das »neue Jerusalem« nie aufgegeben, er hat ihn nur anders gedeutet als die Täufer in Münster. Das »neue Jerusalem« wurde in der Gemeinde Jesu Christi auf Erden bereits vorgebildet und sollte in einer »alle Menschen einschließenden neuen Gesellschaft wiedergeborener Christen« (Helmut Isaak) verwirklicht werden. Zumindest bis in die Mitte der vierziger Jahre hinein wurden auch die weltlichen Obrigkeiten in diese »neue Gesellschaft« mit eingeschlossen. Im Grunde war Menno stets auf der Suche nach seinem Kaiser Konstantin, der seine täuferische Auffassung von Reformation übernimmt und durchzusetzen hilft. Darin unterschied sich der Nonkonformismus seiner Gemeinden von demjenigen der Täufer in der Schweiz. Freilich mußte Menno Simons in den letzten Jahren seines Lebens einsehen, daß dieser Weg ins »neue Jerusalem« nur in Verfolgung und Not als kleine, leidensbereite Gemeinde begangen werden könne.
Buße, Wiedergeburt und Gemeinde: darum hat Menno Simons sich redlich bemüht, und damit erinnert er stark an die Grundzüge der Devotio Moderna, einer vorreformatorischen Erneuerungsbewegung, der auch der große niederländische Humanist Erasmus von Rotterdam nahe stand. Aber damit ist noch nicht der Nerv des Denkens getroffen, der Menno Simons immer wieder zur Feder greifen ließ. Es ist noch nicht erklärt, warum tiefe, unerbittliche Kontraste sein gesamtes Schrifttum durchziehen: Laster und Tugend, Babylon und Jerusalem, Kirche Christi und Kirche Antichristi, schließlich das Erscheinen des Antichrist und die Gegenwärtigkeit Christi selbst. Ob Gemeinde, Wiedergeburt oder Buße: immer sind diese und andere Themen von den erwähnten Kontrasten durchwirkt. Zum Beispiel wurde der Taufe der Säuglinge die Taufe der Gläubigen gegenübergestellt. Die eine war die Taufe des Antichrist, die andere die Taufe, die Jesus Christus in seinem Missionsbefehl an die Jünger geboten hat. In diesen Kontrasten muß der Nerv seines Denkens zu finden sein, auch die Verbindung zwischen der konkreten Situation, die er durchlebte, mit seinem Denken, Predigen und Handeln. Irgendwoher mußte es doch kommen, daß er sich so stark auf dieses Kontrastmuster einließ, ja, sich geradezu von ihm abhängig machte: fast endlos, oft eintönig, formelhaft und langweilig sind die Schilderungen der Finsternis, des Schlechten und Verdammenswerten. Offensichtlich brauchte Menno diese negative Folie, um das Gute, Richtige, das Licht mit voller Überzeugungskraft zur Darstellung bringen zu können.
In diesen Kontrasten ist Menno Simons uns, auch denjenigen, die sich heute noch auf ihn berufen, fremd. Diese Beobachtung führt uns aber in die Situation zurück, in der ganz konkret um eine Erneuerung der Kirche, ja, der gesamten Christenheit gerungen wurde. Priester, Mönche und Nonnen,

Bischöfe, Kardinäle und Prälaten wurden verhöhnt, beschimpft und gelegentlich auch tätlich angegriffen. Der Papst, der die Hierarchie der Kirche anführte, wurde als Antichrist denunziert und für den elenden Zustand der Christenheit zur Rechenschaft gezogen. Ein heftiger Antiklerikalismus hatte die Gemüter erfaßt, Pfaffenhaß und groß Geschrei, und den Willen zur Erneuerung der kirchlichen und gesellschaftlichen Lebensverhältnisse mit Vitalität und Sprache versehen.

Dem häßlichen, pflichtvergessenen und unmoralischen Priester wurde der fromme Laie gegenübergestellt. Bild und Gegenbild, Wort und Widerwort zündeten im Volk. Diese Situation spiegelte sich auch in den Schriften von Menno Simons wider: scharfe Kontraste und unmißverständlich klar gezogene Fronten – in unerbittlicher Hartnäckigkeit. Nicht der Priester »definiert«, was die Kirche ist, sondern der Laie. Das hatte Martin Luther nicht anders gemeint. Der Priester ist eine »persona non grata«, deren Autorität in Hohn und Spott zusammenbricht und im Gelächter untergeht. Der fromme Laie ist dagegen derjenige, der die Zeichen der göttlichen Gnade an sich trägt. Er ist das ganze Gegenteil des Priesters. Er verhält sich anders, er denkt anders, er handelt anders, aber nicht irgendwie anders, sondern Zug um Zug genau entgegengesetzt zum Priester, der in Ungnade gefallen war. Das ist der Grund, warum Menno Simons soviel Mühe darauf verwandte, das Negative darzustellen. Das ist auch der Grund, warum es vielen so schwer fällt, heute noch in seinen Schriften zu lesen. Seine Zeitgenossen konnten mit der endlosen Litanei der Laster konkrete Erfahrungen mit Priestern und Mönchen verbinden und haben sich in ihrem Argwohn gegen den Klerus, das geistliche Establishment, bestätigt gefühlt. Sie ließen sich auch anspornen, ein besseres Leben zu führen. Den Nachgeborenen fehlt dieser Erfahrungshintergrund, und sie können mit den antiklerikalen Ausfällen nicht viel anfangen. Sie erkennen nicht mehr die Verbindung dessen, was sie lesen, mit der konkreten Lebenssituation und verlieren die Konkretion der positiven, biblisch orientierten Äußerungen aus dem Blick. Solche Äußerungen bleiben als zeitlose, abstrakte Äußerungen im Gedächtnis und werden langweilig. Von der Beschäftigung mit Menno Simons sind in neuerer Zeit keine Impulse ausgegangen, die belebend auf die Gemeinden gewirkt hätten, die seinen Namen tragen. Impulse sind stattdessen vom Schweizer Täufertum auf das Mennonitentum als eine neue »Friedenskirche« ausgegangen, Impulse beispielsweise, die heute geholfen haben, weit über das Mennonitentum hinaus die »Dekade der Gewaltfreiheit« im Ökumenischen Rat der Kirchen auszurufen.

4. Antiklerikale Argumente – nicht nur befremdlich
Vielleicht lassen sich aus der erkalteten Asche des Antiklerikalismus doch noch Funken schlagen, die uns helfen könnten, Menno Simons interessant zu finden.
1. Menno Simons wandte die Polemik gegen den Klerus auch auf sein eigenes Vorleben an: »Ich dachte viel über mein eigenes unreines, fleischliches Leben nach, sowie über meine heuchlerische Lehre und Abgötterei, die ich täglich zum Schein, ohne innere Neigung und meiner Seele zuwider trieb.« Der allgemeine Pfaffenhaß wurde zum Selbsthaß und zu einem starken existentiellen Motiv, das eigene Leben von Grund auf zu ändern. Und so ist es kein Wunder, daß Buße, Wiedergeburt und »neue Kreatur« ins Zentrum seines theologischen Denkens rückten. Er war ein anderer geworden.
2. Es ist oft betont worden, daß die Täufer mehr Wert auf die Tat als auf das Wort, mehr auf die Praxis als auf die Lehre legten. Diesen Trend hatte Menno Simons aufgenommen und verstärkt – eine Konsequenz aus dem antiklerikalen Anstoß für Denken und Handeln. Das ist unübersehbar. Die Rechtfertigung wurde als »Rechtfertigmachung« zu einer aufweisbaren Veränderung des Menschen. Jemand, der von der Gnade Gottes erfaßt ist, denkt anders, verhält sich anders und handelt anders als jemand, der nicht weiß, daß er in der »Zeit der Gnade« lebt.
3. Wenn sich mit der Christologie und mit der Lehre von der Menschwerdung Jesu Christi die Vorstellung von der Reinheit der Gemeinde verbindet, muß die Gemeinde die Möglichkeit erhalten, sich rein zu erhalten. Traditionellerweise diente dazu das Instrument des Banns. Dieses Instrument stand in der römisch-katholischen Kirche nur dem Priester zu Verfügung. Was er auf Erden band, war auch im Himmel gebunden, was er auf Erden löste, war auch im Himmel gelöst. Im antiklerikalen Milieu wurde dieses Instrument als ein Instrument der Herrschaft empfunden. Es mußte dem Priester aus der Hand genommen werden. Es wurde sozusagen kommunalisiert. Über den Bann sollte die Gemeinde verfügen, das heißt, sie sollte, wie es hieß, nach der »Regel Christi« verfahren (Matthäus 18): mit dem Sünder sollte gesprochen werden, zunächst unter vier Augen, dann vor der Gemeinde, alles um ihn wieder zurückzugewinnen und nicht eigentlich, um ihn für alle Zeiten aus der Gemeinde auszuschließen.
4. Die Priester genossen als Stand, der für das »Beten« zuständig war, das Privileg, vom Kriegsdienst befreit zu sein. Menno Simons, der zahlreiche Gründe sah, den pflichtvergessenen Priester durch den Laien zu ersetzen, der Jesus Christus im Gehorsam nachfolgt, hat nun auch das Friedenschaffen beim Laien besser aufgehoben gefunden als beim Priester: »Ich sage euch die

Wahrheit in Christo; nehmt die recht getauften Jünger Christi wahr, die mit dem Geist und Feuer von innen, und mit dem Wasser von außen, nach Inhalt von Gottes Wort getauft sind, dieselben kennen keine Waffen, denn allein Geduld, Hoffen, Schweigen und Gottes Wort [...] Unsere Waffen sind nicht Waffen, womit man Städte und Länder verwüstet [...] und das menschliche Blut wie Wasser vergießt, sondern es sind Waffen, mit denen man das Reich des Teufels zerstört« [...] »Eisen, Metall, Spieß und Schwerter lassen wir denjenigen, die leider Menschen- und Säueblut in gleichem Wert achten. Wer verständig ist (schließt Menno Simons), der urteile, was ich meine.« Hier wird sehr deutlich, daß sich der Pazifismus der Täufer einem antiklerikalen Impuls verdankt.

Diese Beispiele genügen. Sie zeigen, wie vital Menno Simons auf die Probleme seiner Zeit reagiert hat, und regen uns an, mit ähnlicher Vitalität auf die Probleme unserer Zeit einzugehen.

5. Leben aus der Differenz zur Welt

Früher sah Menno Simons so aus: gutmütig, verständnisvoll und besorgt um die Brüder und Schwestern, die ihm anvertraut waren. Die Strenge, die sich nicht ganz übersehen ließ, wurde als Tugend eines verantwortungsvollen Gemeindevaters gepriesen oder als Verbitterung im Alter nach einem entbehrungsreichen und hart umkämpftem Leben entschuldigt. Das Bild, das sich einstellt, wenn der Pfaffenhaß dieses Täuferführers ernst genommen wird, ist weniger ebenmäßig. Es zeigt einen unruhigen, aggressiven und unerbittlich fordernden Kämpfer für die Erneuerung der Christenheit auf der einen Seite, auf der anderen Seite einen milden, weichen und nachsichtigen Seelsorger, gesetzesstreng das eine und barmherzig das andere Mal. Dieses Bild ist zerfurcht und widersprüchlich, aber vielleicht wird Menno Simons auf diese Weise interessanter, als er jahrhundertelang war.

Jetzt braucht nichts heruntergespielt oder wegpoliert zu werden. Attraktiv ist er gerade als jemand, der ziemlich genau von seiner konkreten Situation her dachte und die Erfahrungen, die er im antiklerikalen Kampf um die Reformation sammelte, in gezielte Agitation umsetzte. Hier zeigt sich deutlich, daß es Menno Simons überhaupt nicht darum ging, zeitlos biblische Wahrheiten zu verkünden, sondern so aus und in die Situation hineinzusprechen, daß die Stimme des Evangeliums hörbar wurde.

Hier zeigt sich auch, daß es aussichtslos wäre, Menno Simons direkt beerben zu wollen. Er spricht heute nicht mehr unmittelbar an, zumal für seinen weiteren Weg wenig Verständnis aufgebracht werden kann, als in den Gemeinden unter den Ältesten um die Anwendung des Bannes diskutiert wurde und

Menno Simons immer strenger und unerbittlicher, ja, gesetzlicher wurde, um nicht ganz an den Rand gedrängt zu werden oder gar befürchten zu müssen, selber gebannt zu werden. So mächtig war die von ihm mitgeschaffene »Ältestenoligarchie« unter den Täufern, daß er selbst ihr Opfer zu werden drohte. Er verlor an Bedeutung und zog sich, krank und abgespannt, müde von den Verfolgungen und Entbehrungen nach Fresenburg bei Oldesloe in Holstein zurück. Hier hat ihm der adlige Grundherr Bartholomäus von Ahlefeld Unterschlupf gewährt, und hier starb Menno Simons 1561.

Die Fronten, in denen er stand, sind nicht unsere Fronten, seine Erfahrungen sind nicht unsere Erfahrungen. Die antiklerikale Situation erklärt aber, warum Wiedergeburt, Taufe, neue Kreatur und Gemeinde so eng miteinander verbunden sind und warum hier sein Herz schlägt, das vielleicht heute noch vernehmbar ist. In diesen Grundzügen wird zum Ausdruck gebracht, was es heißt, in der Welt, aber nicht von der Welt zu sein. In der antiklerikalen Situation artikulierte sich der Nonkonformismus, der die Täufer damals besonders auszeichnete, anders als es heute der Fall sein kann. Der Christ ist Mensch in dieser Welt, er lebt aber aus einer Differenz zu ihr. Das galt damals, und das gilt auch heute.

Die antiklerikalen Züge der Täufer haben sich im Laufe der Zeit in den Mennonitengemeinden von allein verwischt, ohne große gedankliche Anstrengung ist auch die monophysitische Inkarnationslehre verschwunden. Tief eingeprägt aber hat sich die Glaubenstaufe und die Vorstellung von der Gemeinde, die sich im Gespräch ihrer Mitglieder untereinander und mit Außenstehenden als versöhnte Gemeinschaft ihren Weg durch die Konflikte und Turbulenzen unserer Tage sucht. Eingeprägt hat sich auch vor allem die Friedfertigkeit als eine Möglichkeit, ja, als die von Jesus Christus vorgelebte Möglichkeit, auf Situationen des Konflikts, des Streits und des Unfriedens, das schließt kriegerische Auseinandersetzungen ein, kreativ und konstruktiv einzuwirken.

Die Gemeinden der Mennoniten haben diese Differenz nicht immer bedacht. Die Glaubenstaufe wurde zur obligatorischen, konventionellen Familienfeier, das Gespräch wurde zu autoritär herbeigeführter Meinungsgleichheit, aus der Eidesverweigerung wurde ein Privileg, das der Verweigerungsgeste ihren riskanten Bekenntnischarakter nahm. Der aggressive, ja, geradezu revolutionäre Nonkonformismus ist einem Konformismus gewichen, und der missionarische Eifer des Anfangs ist oft zu ängstlichen Bemühungen geworden, den stets angefochtenen Bestand der eigenen Gemeinden zu sichern. Die Mennoniten waren nicht mehr die Feinde der Gesellschaft, nicht mehr die Verfolgten und zu Tode Gehetzten, sie waren verläßliche und nützliche Untertanen geworden, Bauern und Bürger, die wirtschaftlich ausgesprochen erfolgreich waren: die Großkaufleute und Reeder in Hamburg und Altona, wohlhabende Handelsherren in den Niederlanden, die Seidenhändler und -verleger in Krefeld, die Deichbauern im Weichseldelta, die Bauernkaufleute in der Pfalz und die Kolonisten in der Ukraine, anders auch die Mennoniten in Pennsylvanien, die sich schon früh gemeinsam mit den Quäkern in Germantown für die Befreiung der Sklaven einsetzten. Sie haben an ihren aus dem Antiklerikalismus der Reformationszeit überkommenen Besonderheiten festgehalten, aber sie haben dem Nonkonformismus die Zähne ausgebrochen. Angepaßte denken anders und lesen die Heilige Schrift anders als Nichtangepaßte. Menno Simons hätte seine Nachfahren kaum wiedererkannt, schon gar nicht, als deutsche Mennoniten sich 1933 dazu hinreißen ließen, Adolf Hitler in einem Grußtelegramm ausgerechnet in seinem Namen zu huldigen, und keine Kraft aufbrachten, sich einem Regime zu widersetzen, das die Freiheit der Bürger gering achtete und auf einem anderen Fundament stand als Menno Simons. Da haben die Mennonitengemeinden sich nicht als »Institutionen der Freiheit« bewährt. Und heute versuchen sie, mit Christen in allen Kirchen das Evangelium so zu hören, daß sich ihnen der Wahlspruch ihres Namenspatrons vom Fundament, das Jesus Christus ist, als Verheißung erschließt, die auf der »Differenz« zu allem liegt, was unfrei macht. Die »Zeit der Gnade« ist in der Gemeinde Jesu Christi angebrochen. Das hat Menno Simons richtig gesehen und einen damals vernachlässigten Zug christlicher Botschaft kräftig herausgestellt. Daß aber auf das »neue Jerusalem« auch noch gewartet wird – freilich anders, als es im Täuferreich zu Münster auf die Erde niedergerissen wurde –, diese Hoffnung will Menno Simons niemandem nehmen. »Institution der Freiheit« zu sein, ist jeder Kirche verheißen, hat sich aber in keiner Kirche erfüllt. Noch ist Zeit, auf die Erfüllung gemeinsam zu hoffen.

Zeittafel zu Menno Simons

1496	Menno Simons wird in Witmarsum (Westfriesland) geboren.
1524	Nach dem Besuch der Klosterschule bei Bolsward wird Menno Simons am 24. März vermutlich in Utrecht zum Priester geweiht und anschließend zum Vikar in Pingjum (Westfriesland) eingesetzt.
1532	Menno Simons wird Pfarrer in Witmarsum.
1535	Das Oldeklooster bei Bolsward wird von Täufern gestürmt (März/April); das Rathaus in Amsterdam wird von Täufern besetzt (Mai).
1536	Menno Simons verläßt die römisch-katholische Kirche und schließt sich den Täufern an.
1537	Im Frühjahr findet der neue Älteste Zuflucht im ostfriesischen Oldersum unter dem Schutz des Häuptlings Hero von Oldersum und Gödens. Obbe Philips setzt Menno Simons zum Ältesten in Groningen ein.
1539	Menno Simons beginnt, erste Schriften zu veröffentlichen: *Verklaringhe des christeleycken doopsel*, *Van die Wederburte* und vor allem *Dat Fundament des christelycken leers*.
1542	Menno Simons wird die Todesstrafe angedroht, auf ihn wird ein Kopfgeld von 100 Gulden ausgesetzt. 1542/43 schreibt Menno Simons sein erstes Buch über den Bann.
1545	Diskussion zwischen Menno Simons und dem reformierten Reformator Johann a Lasco in Emden (Ende Januar).
1546	David Joris weicht nach Basel aus, Menno Simons zieht ins Rheinland (Bonn, Wesel, Roermond). Gespräch in Lübeck zwischen Anhängern des David Joris und Menno Simons, Dirk Philips, Adam Pastor, Leenaert Bouwens und Gillis van Aken. Adam Pastor fällt wegen antitrinitarischer Lehrmeinungen auf.

1547	Gespräche mit Adam Pastor in Emden und Goch. Pastor wird gebannt.
1549	Menno veröffentlicht zweites Buch über den Bann: *Een korte bericht van der excommunicatie*.
	Menno Simons hält sich wohl einige Wochen in Danzig auf.
1550	Die Schriften des Täuferführers werden auf den Index verbotener Bücher in Loewen gesetzt.
1551	Machtzuwachs von L. Bouwens. Er wird ohne das Wissen von Menno Simons zum Ältesten von Groningen und Friesland gewählt.
1552	Treffen der wichtigsten Ältesten in Lübeck, um das Problem Adam Pastor zu klären.
1553	Menno Simons findet Unterschlupf in Wismar. Streitgespräch mit reformierten Flüchtlingen (Martin Mikron).
1554	Gespräche unter den Täufern (Wismarer Artikel).
	Menno Simons findet Zuflucht auf dem Landgut Fresenburg bei Oldesloe (Bartholomäus v. Ahlefeld). Eine Druckerei wird für Menno Simons eingerichtet.
1556	Menno Simons lädt zu Gesprächen über die Bannfrage nach Wüstenfelde ein.
1557	Gillis van Aken wird in Antwerpen hingerichtet (10. Juli).
1558	Drittes Buch über den Bann wird von Menno Simons veröffentlicht. Die gemäßigten Hochdeutschen werden exkommuniziert.
1561	Menno Simons stirbt am 13. Januar auf Gut Fresenburg.

»Kein anderer Grund« – Zwei Predigten

CHRISTOPH WIEBE

»Einen anderen Grund kann niemand legen als den, der gelegt ist: Jesus Christus«
Menno Simons' Leben im Spiegel seines Wahlspruches aus 1. Korinther 3,11

I.
In diesen Januartagen jährt sich zum 450sten Mal der Todestag Menno Simons'. Der Januar ist überhaupt in besonderer Weise ein Monat in Mennos Leben. Im Januar 1496 wurde er geboren, vermutlich in Witmarsum, einem kleinen Ort in Friesland; im Januar 1536 beendete er im Alter von 40 Jahren sein Priesterdasein, schloß sich den Täufern an und ging in den Untergrund. Und wiederum im Januar, nach fast auf den Tag genau 25 Jahren als Täufer, verstarb er in Fresenburg, einem kleinen Gut in der Nähe von Bad Oldesloe. Der dortige Bartholomäus von Ahlefeld, ein Landadliger und Feldhauptmann des Kaisers, hatte ihm Unterschlupf und Asyl gewährt.

Manchmal ist auch ein Leben eine Predigt. Menno Simons hat fast allen seinen Schriften ein Wort aus dem ersten Korintherbrief vorangestellt: »Einen anderen Grund kann niemand legen außer dem, der gelegt ist, welcher ist Jesus Christus.«

Es ist ein Wort, das als Motto seines Lebens gelten kann, und beides – Leben und Schriftwort – erhellen einander und legen sich gegenseitig aus.

II.
»Einen anderen Grund kann niemand legen außer dem, der gelegt ist, welcher ist Jesus Christus.« Dieses Wort verweist zunächst auf den langen inneren Weg, den Menno durchlief und der ihn zu zu der Entscheidung führte, sein Priestertum aufzugeben.

Viele Jahre lang währten seine Zweifel. Denn schon bald, nachdem er im Jahre 1524 in Utrecht zum Priester geweiht wurde, haben seine Skrupel begonnen. Sie betrafen zunächst das Abendmahl. Verwandelten sich wirklich Brot und Wein im Moment der Konsekration, also wenn der Priester die Einsetzungsworte dazu spricht, in Leib und Blut Jesu? Menno konnte das nicht glauben. Er hatte sich von der Propaganda reformatorischer Bewegungen erfassen lassen, und die hatten vieles in Frage gestellt. Das von kirchlichen Gebräuchen gesäumte Leben der Gläubigen wurde auf den Prüfstand gestellt und geriet in die Diskussion. Dazu gehörten der Ablaß, das Fegefeuer, die Ohrenbeichte, die Seelenmesse und etliches andere mehr.

Die Reformation war wie ein Hobel, der alles abschliff, was nicht in der Bibel begründet, sondern Menschenwerk war. Und dazu gehörte auch die überlieferte Abendmahlslehre.

»Einen anderen Grund kann niemand legen außer dem, der gelegt ist: Jesus Christus.« Dieses Bibelwort hatte eine kämpferische, kritische Spitze. Allein in Jesus Christus, wie er uns im Neuen Testament verkündigt wird, findet der Glaube seinen Halt und der Mensch sein Heil. Darum kann alles, was nicht in der Schrift begründet ist, abgetan werden. Es ist Menschenwerk, ist später dazugekommen. Das gilt für Lehren ebenso wie für kirchliche Bräuche.

In diesem Bibelwort ist also das Programm der Reformation in einem Spruch zusammengefaßt. Und dieses Programm bestand darin, sich neu auf Jesus Christus zu besinnen. »Allein Christus« und »allein die Schrift« waren Schlagworte der Reformation.

Menno ging diesen Weg mit, und alles, was seiner Überzeugung nach nicht in der Bibel begründet war, wurde für ihn hinfällig. Nachdem er zunächst wie andere Priester auch nicht viel auf die Bibel gegeben hatte, begann er nun, sie zu lesen. Und er traute sich zu, sich ein eigenes Urteil zu bilden, auch in so wichtigen Fragen wie der Abendmahlslehre.

Den Mut, den Menno wie viele andere Zeitgenossen hatten, Überkommenes in Frage zu stellen und im Vertrauen auf Jesus Christus neue Wege zu gehen, beleuchtet aber auch noch eine andere, zweite Seite dieses Spruches. »Einen anderen Grund kann niemand legen außer dem, der gelegt ist: Jesus Christus.« Das hat nicht nur eine kämpferische Spitze gegen Menschenwerk, sondern das ist auch ein Wort der Ermutigung, der Befreiung und des Vertrauens! In der lebendigen Begegnung mit dem Gott der Bibel fand eine ganze Generation den Mut, Altes hinter sich zu lassen und Neues zu wagen – privat, kirchlich und auch gesellschaftlich. Die befreiende Kraft des Evangeliums erfaßte die Menschen.

Das Schicksal eines Täufers, der sich standhaft zu seinem Glauben bekannte und 1531 in Leeuwarden hingerichtet wurde, ließ Menno über die Taufe nachdenken. Es erging ihm dabei wie beim Abendmahl: Er kam zu einer anderen Meinung, als die kirchliche Lehre sie vorgab. Menno fand: Nirgends im Neuen Testament ist die Kindertaufe belegt. Es ist vielmehr eindeutig so, daß es Erwachsene sind, die auf ihr Bekenntnis und ihre Entscheidung hin getauft werden. Und es ist bei der Taufe eindeutig vom Glauben und von der Nachfolge Jesu die Rede, und zwar in einer Weise, die erkennen läßt: Kinder sind damit nicht gemeint.

Nachdem Menno Simons viele Jahre hindurch gegen seine Überzeugung weiter als Priester gewirkt, gegen sein Gewissen Abendmahl ausgeteilt und Taufen gespendet hatte, vollzog er im Januar 1536 den befreienden Schritt und schloß sich den Täufern an, mit denen er schon seit vielen Jahren sympathisiert hatte und denen er wahrscheinlich auch durch persönliche Kontakte eng verbunden war. Sein Bruder Peter Simons war vor ihm Täufer, und er hatte eine aktive Rolle im Täuferreich in Münster gespielt. Er war mit verwickelt in die Besetzung eines Klosters in Friesland durch militante Täufer. Bei der Eroberung des Klosters wurde Peter Simons getötet.

Zweifellos haben diese Vorgänge Menno Simons tief beeindruckt und bei seiner Entscheidung eine große Rolle gespielt. Er sah in den Münsteraner Täufern arme und verirrte Brüder und Schwestern, die nun, nach dem Ende des Täuferreichs, Orientierung und Trost brauchten.

Woher nahm er den Mut zu diesem Schritt, seinen geordneten und gesicherten Priesterstand aufzugeben und sich der gerade jetzt sehr angefeindeten Täuferbewegung anzuschließen? Woher nahm er den Mut, Not, Verfolgung und ein Dasein in ständiger Lebensgefahr auf sich zu nehmen? Die Antwort lautet: Es ist die Kraft, die aus dem Glauben wächst. Es ist die unwiderstehliche Kraft, die aus der Erkenntnis der Wahrheit kommt. Es ist die Kraft der Befreiung. Und auch diese Erfahrung verband sich für Menno mit dem Bibelwort: »Einen anderen Grund kann niemand legen außer dem, der gelegt ist: Jesus Christus.«

III.

Menno Simons war bereits vierzig Jahre alt, als er diesen folgenschweren Schritt, seinen »Ausgang aus dem Papsttum«, vollzog. Was für ein Leben! Rastlos ist er nun unterwegs, in den nördlichen Niederlanden, in Ostfriesland, am Niederrhein bis in den Kölner und vielleicht sogar Bonner Raum, an der deutschen Ostseeküste von Lübeck über Wismar bis vielleicht sogar nach Danzig.

Zwar gab es Inseln der Ruhe, Zufluchtsorte, an denen er einige Zeit in Sicherheit leben konnte, so beim toleranten Häuptling von Oldersum in Ostfriesland, oder am Ende seines Lebens im schleswig-holsteinischen Fresenburg, wo er die letzten Jahre seines Lebens in Sicherheit vor äußerer Verfolgung verbringen konnte.

Während er sich so dem äußeren Druck entziehen konnte, indem er auf ein anderes Territorium auswich, konnte er den quälenden inneren Auseinandersetzungen unter den Täufern nicht entkommen. Mehrere Richtungen unter den Täufern lagen in Wettstreit miteinander, und Menno Simons war in diese Auseinandersetzungen verwickelt, denn er war zeitweise einer der namhaftesten Führer der Täufer. Schon 1537 wurde er zu einem Ältesten ernannt, und anders als manch anderer scheute er die Gefahr nicht. Er blieb nicht am sicheren Ort und wirkte nicht allein durch Briefe und Traktate, sondern er begab sich auf die Straße und in Gefahr, indem er die Gemeinden persönlich besuchte, Gottesdienste abhielt, Abendmahl und Taufe mit seinen Gemeinden feierte und auch missionarisch tätig war. Dadurch und durch sein ausgleichendes Wesen erwarb er sich schnell großen Respekt und wuchs zu einem der maßgeblichen Täuferführer heran.

IV.

Es gab allerdings auch starke Anfeindungen, und Menno Simons mußte die Erfahrung machen, daß diese inneren Auseinandersetzungen genauso aufreibend und nervenzehrend sein konnten wie die äußere Bedrohung. Es waren vier große strittige Fragen:

Es war *erstens* die Frage der Gewaltanwendung. Im Täuferreich zu Münster hatten Täufer keine Scheu gehabt, die legitime obrigkeitliche Gewalt anzuwenden, sei es zur Bestrafung von Kriminellen oder bei der Verteidigung der Stadt gegen die feindlichen Belagerer. Nach dem Fall des Täuferreichs aber gab es eine Splittergruppe, die diesen Kampf für eine täuferische Reformation aus dem Untergrund heraus in Form terroristischer Überfälle fortführte. Nach ihrem Anführer Jan van Batenburg nennt man sie die Batenburger. Noch auf Jahrzehnte hinaus machten sie die Gegend vom Niederrhein bis nach Westfalen und in die Niederlande hinein unsicher. Ihnen trat Menno Simons prinzipiell entgegen: Allein die Obrigkeit ist befugt, Gewalt auszuüben. Für Glaubensüberzeugungen aber darf man nicht mit Gewalt eintreten, sondern nur mit dem Schwert des Wortes und des Arguments. Christen sind rach- und wehrlos wie der, nach dem sie sich benennen. So ist Menno Simons der Vater der mennonitischen »Wehrlosigkeit« geworden.

Die *zweite* strittige Frage ist die nach der Sichtbarkeit von Gemeinde. David Joris und andere Täufer traten angesichts des Verfolgungsdrucks und der zahlreichen Hinrichtungen dafür ein, täuferische Überzeugungen nicht offen zu vertreten, sondern nur im Verborgenen in kleinen, vertraulichen Zirkeln oder im Gespräch mit einzelnen. Mit meinen heutigen Worten gesagt: »Es ist ja Wahnsinn, ein solches Risiko einzugehen und für täuferische Überzeugungen sein Leben zu riskieren. Ist es nicht viel besser, sie unauffällig weiter-

zutragen und nur denen anzuvertrauen, sie dafür aufnahmebereit sind? Kommt, laßt uns unsere Kinder taufen und pro forma die öffentlichen Gottesdienste besuchen. Unsere täuferischen Überzeugungen können wir besser bei abendlichen Treffen austauschen, wenn wir uns zum gemeinsamen Lesen in der Bibel und zum Gebet treffen. Da wollen wir uns gegenseitig stärken und ermutigen. Kam nicht auch Nikodemus, dieses Mitglied der Oberschicht und des Synhedriums, heimlich nachts zu Jesus, um mit ihm zu sprechen?« (Johannes 3)
Ich schätze, die meisten von uns dürften ähnlich denken und argumentieren. Es ist für uns heute schwer vorstellbar geworden, daß man für Glaubensfragen sein Leben aufs Spiel setzt.
Die Antwort, die Menno Simons gab, lautete freilich anders und fordert uns heute heraus. Er trat dafür ein, daß Christen ihren Glauben nicht verheimlichen, sondern offen bekennen. Vielleicht hat das ja auch einen biographischen Hintergrund: Er hatte lange seine Überzeugungen vor der Öffentlichkeit verheimlicht und nur zu Vertrauten davon gesprochen. Er hatte dann aber gerade erfahren, wie befreiend es ist, diese Heimlichtuerei zu überwinden und endlich frei und offen zu dem zu stehen, wovon er überzeugt war.
Menno Simons trat dafür ein, daß Täufer ihren Glauben nicht verheimlichen, sondern daß sie danach streben, ihn sichtbar als Gemeinde öffentlich zu leben und zu bekennen. Dafür ist es auch in Kauf zu nehmen, daß man verfolgt und des Landes verwiesen wird. In der Nachfolge Jesu sind Christen bereit, äußere Nachteile bis hin zur Verfolgung auf sich zu nehmen.
Einerseits rach- und wehrlos, dabei andererseits zugleich mutig im offenen Bekennen des Glaubens und leidensbereit in der Nachfolge Jesu – das waren die Kennzeichen dieses täuferischen Glaubens, der dann schon in einer Polizeiordnung der Gräfin Anna von Ostfriesland im Jahr 1544 – also bereits nach nur wenigen Jahren Wirksamkeit – nach ihm als »mennonitisch« bezeichnet wurde. Den Zeitgenossen war sehr wohl bewußt, daß es mehrere, sehr unterschiedliche Richtungen unter den Täufern gab.
Dieses Eintreten für eine offene, sichtbare Gemeinde hing mit seinem sehr positiven Bild von der Obrigkeit zusammen. Menno Simons meinte, es wäre möglich, eine Obrigkeit davon zu überzeugen, daß der täuferische Glaube, so wie er ihn vertrat, gefahrlos geduldet und zugelassen werden könne. Darum war er unermüdlich unterwegs und bereit, Gespräche mit Vertretern der evangelischen Seite zu führen, so in Emden, so in Wismar. Er meinte: Wenn irgendwo ein Landesherr oder eine Stadt den täuferischen Glauben dulden und zulassen, so daß eine täuferische Gemeinde offen ihren Glauben leben kann, dann wird diese Gemeinde ein leuchtendes Vorbild sein und die Über-

legenheit des täuferischen Glaubens erweisen. Denn diese Gemeinschaft besteht aus Menschen, die aufgrund persönlichen Glaubens eine Gemeinde bilden und ihr Leben aus dem Glauben heraus gestalten – und das wird sich für alle erkennbar von dem abheben, was in der Papstkirche oder auch in den neu entstandenen evangelischen Gemeinden zu sehen ist. Die sind nämlich nicht wirklich neu, sondern da herrschen die alten Zustände, nur unter neuem Vorzeichen, weil eben die persönliche Glaubenserfahrung und Hinwendung zu Jesus Christus und die gegenseitige Korrektur in der Gemeinde fehlten.
Menno Simons war überzeugt, daß sich das täuferische Gemeindemodell als moralisch und sittlich überlegen zeigen würde, denn »einen anderen Grund kann niemand legen außer dem, der gelegt ist: Jesus Christus.« Da ist wieder sein Wahlspruch. Er paßt auch in diesem Zusammenhang und enthüllt dabei eine weitere Bedeutung: Weil sich die täuferische Gemeinde allein auf Jesus Christus gründet, ist sie anderen Gemeinden gegenüber, die noch die Kindertaufe praktizieren, das bessere Modell. Sie ist näher an der Gemeinde, wie es im Neuen Testament beschrieben ist.
Menno Simons hat diese Obrigkeit, die eine täuferische Gemeinde offen zuläßt, nicht gefunden. Kein Landesherr, keine Stadt war bereit, nach dem, was in Münster passiert war, noch einmal eine täuferische Reformation durchzuführen. Nur hier und da fanden Täufer offizielle Duldung, und auch das meist nur für eine gewisse Zeit.

V.

Diese zwei genannten strittigen Fragen der Gewaltausübung und der Sichtbarkeit von Gemeinde waren wichtig für die Außenseite er Täufer, für die Frage, wie andere die Täufer wahrnahmen.
Es gab daneben noch zwei sehr wichtige strittige Fragen, die mehr das Innenleben der Gemeinden betrafen. Das waren die Fragen danach, wer Jesus Christus ist und wie man in der Gemeinde mit denen umgeht, die sich verfehlt haben. Es sind die Fragen nach der Lehre von Jesus Christus und die Frage nach der Gemeindezucht.
Die Frage danach, wer Jesus Christus ist, berührt unmittelbar das Fundament des Glaubens und das Leben in der Gemeinde. Für Menno Simons wie für die meisten niederländischen Täufer war zentral: Jesus ist göttlicher Natur, nur darum kann er unser Heiland und Erlöser sein, und nur darum kann die Gemeinde, die ihm nachfolgt, Gottes Braut sein.
Es gab einige Täufer, die das anders sahen und lehrten, daß Christus nicht göttlicher Natur sei. Und auch die überlieferte Kirchenlehre, an der auch alle reformatorischen Kirchen festhielten, lehrte etwas anderes, nämlich daß in

Jesus Christus göttliche und menschliche Natur »unvermischt und unzertrennt« zusammen sind. Aber für Menno Simons und die Mehrheit der norddeutschen Täufer war es von großer Bedeutung, daß auch Jesu menschliche Natur göttlich sei. Und das blieb bei Mennoniten noch für viele Jahre ein zentraler Glaubenssatz: Daß Jesus ganz ausschließlich göttlicher Herkunft ist und keinen Anteil an der Sündhaftigkeit eines Menschen hat.

Diese Auffassung, die für uns heute schwer nachvollziehbar geworden ist, hing für die Mennoniten damals mit der Frage zusammen, wie man mit Verfehlungen innerhalb der Gemeinde umgeht. Man strebte nach der reinen Gemeinde, die als Braut Christi eine Gemeinde »ohne Flecken und Runzel« ist, wie es im Epheserbrief heißt (Epheser 5,27).

Die Frage war nun, welche Rolle der Bann dabei spielt. War er sozusagen ein pädagogisches Instrument zur Besserung derjenigen, die sich verfehlt hatten? Ein Mittel, das zum Ziel hatte, sie zur Umkehr zu bewegen, damit sie wieder aufgenommen werden könnten? Diese Haltung vertrat Menno Simons. Für ihn war der Bann gewissermaßen Ausdruck der Sorge und der Liebe für ein in die Irre gegangenes Mitglied. Oder war der Bann eine Maßnahme, um die Reinheit der Gemeinde zu bewahren, indem man sich von Mitgliedern trennt, die sich verfehlt und dadurch die Gemeinde verunreinigt haben? Dieser harten Meinung waren die meisten der Mitältesten, und sie waren auch der Meinung, daß dann dem Ausschluß aus der Gemeinschaft auch eine totale Kontaktsperre folgen müßte, die sogenannte »Meidung«. Sie bedeutet den völligen Abbruch aller Kontakte zu dieser Person. Besonders im Fall von Ehepartnern führte dies zu unaussprechlichen Härten.

Für uns heute ist kaum vorstellbar, daß die Vertreter dieser harten Linie sich durchsetzen konnten. Aber so kam es.

Es macht die Tragik seiner letzten Lebensjahre aus, daß Menno Simons in der eigenen Glaubensgemeinschaft in die Defensive geriet und, um nicht selbst ausgeschlossen zu werden, gegen seine Überzeugung einen harten Kurs in der Frage der Gemeindezucht mittragen mußte. Es ist eine besondere Tragik, wenn man bedenkt, daß er damit wieder in eine Situation geraten war, die ihm einst als Priester unerträglich geworden war: Etwas mittragen und vertreten zu müssen, wovon er nicht wirklich überzeugt ist.

»Einen anderen Grund kann niemand legen außer dem, der gelegt ist: Jesus Christus.« Das war sein Lebensmotto. Und es hätte sich gerade in dieser letzten großen Auseinandersetzung bewähren können. Wenn man in den Zusammenhang des 1. Korintherbriefes schaut, dann erkennt man nämlich, daß es auch da um Rivalitäten zwischen verschiedenen Teilen der Gemeinde und ihren Führungsfiguren geht.

Paulus versucht, das Gemeinsame zu suchen und die Gegensätze in der Gemeinde zu überwinden. Er sagt: Es kommt nicht auf die Personen an. Ausschlaggebend ist nicht, wer etwas machte, wer tauft, Abendmahl austeilt oder predigt, sondern in wessen Namen und in wessen Geist das alles geschieht. Denn Jesus Christus ist der eine Grund, auf dem alle bauen. »Einen anderen Grund kann niemand legen außer dem, der gelegt ist, welcher ist Jesus Christus.« Hier zeigt sich eine weitere Bedeutung dieses Wortes, diejenige, die es im Zusammenhang des 1. Korintherbriefes hat: Es ist ein weises Wort, ein Appell, sich auf das Gemeinsame zu besinnen. Es ist ein Wort, das bei Richtungsstreitigkeiten und Rivalitäten in einer Gemeinde den Beteiligten helfen will, sich nicht immer tiefer in Auseinandersetzungen zu verstricken, sondern sich auf das zu besinnen, was allen gemeinsam ist. »Einen anderen Grund kann niemand legen außer dem, der gelegt ist: Jesus Christus.«

VI.
Manchmal ist ein Leben wie eine Predigt. Ich habe aus dem Leben dieses Täuferführers erzählt und dabei dessen Motto aus 1. Korinther 3, Vers 11 als Spiegel genutzt. Bibelwort und Leben legen sich gegenseitig aus. Und es wird deutlich: Dieses Wort aus 1. Korinther 3,11 ist ein grundlegendes Wort. Es macht Mut, im Glauben der in Jesus Christus erkannten Wahrheit nachzufolgen, auch wenn es uns auf neue Wegen führt. Dieses Wort hilft, sich aufs Wesentliche zu konzentrieren, und es leitet an, zu überprüfen, worauf es wirklich ankommt, im Glauben wie im Leben. Und schließlich ist es ein Weisheitswort, das bei innergemeindlichen Diskussionen als Leitlinie und Orientierung dienen kann. Aber nicht nur in der Gemeinde, auch in anderen Bereichen des Lebens kommt es darauf an, sich auf den Grund unseres Lebens zu besinnen, der uns allen gemeinsam ist und aus dem heraus wir leben.
»Einen anderen Grund kann niemand legen außer dem, der gelegt ist: Jesus Christus.« Das war ein gutes Motto für Menno Simons – vielleicht ist es auch in diesem Jahr 2011 ein gutes Wort für mich und für dich und für das Miteinander in unserer Gemeinde.

Nachbemerkung
Diese Predigt wurde im Januar 2011 in Gottesdiensten in Hagen, Düsseldorf und Bonn gehalten und anschließend als »Predigt im Briefumschlag« an Interessierte in der Mennonitengemeinde Krefeld verschickt.

Hans-Jochen Jaschke

Versöhnte Verschiedenheit
Predigt über 1. Korinther 3,11

Der Geist, der Heilige Geist, weht uns an beim gemeinsamen Gottesdienst im Zentrum unseres Studientages zur Heilung der Erinnerung, beauftragt durch die Deutsche Bischofkonferenz und die Arbeitsgemeinschaft Mennonitischer Gemeinden in Deutschland. Der Geist führt uns in die Kirche überall auf der Welt, an allen Orten, und er stellt uns in die Kirche zu allen Zeiten, da wir bitten, daß er unsere Geschichte heilt und Vergebung schenkt für all das, was zwischen uns geschehen ist.

1. *Einen anderen Grund kann niemand legen als den, der gelegt ist: Jesus Christus* (1. Korinther 3,11). Menno Simons hat diesen Vers zum Leitsatz seiner Bewegung in der Kirche seiner Zeit genommen. Jesus Christius ist und bleibt der Grund der Kirche. Eine Reform, eine Reformation, der sich der katholische Priester Menno Simons verschrieben hat, muß auf Jesus Christus zurückführen. Die Täuferbewegung mit all ihren Erfahrungen und Entwicklungen, die Menno Simons erlebt und weitergeführt hat, muß ihr Maß an Jesus Christus nehmen. Gut, daß sich auch die katholische Kirche auf den Weg gemacht hat, mit den Mennoniten den Weg der Versöhnung und des Friedens zu beschreiten. Wir wollen einander verstehen, wir wollen aus dem Weg räumen, was uns belastet, wir wollen um Vergebung bitten für Verdammungen und Verurteilungen, für schreckliche, furchtbare Untaten im Geist früherer Zeiten, die gleichwohl unentschuldbar bleiben müssen.

Dabei haben katholische Christen in der norddeutschen Diaspora mit den Mennoniten manches gemeinsam. Die katholische Kirche wurde nicht verfolgt, Katholiken wurden nicht hingerichtet, aber in Hamburg wurde ihre Kapelle am Krayenkamp verwüstet. Katholiken hatten eingeschränkte Rechte. Offiziell toleriert – wie die Kalvinisten, Juden, Mennoniten – wurden Katholiken zuerst in Altona, in Glückstadt, in Friedrichstadt. In Altona konnten sie ihre neue St. Josephskirche an der Großen Freiheit in Nachbarschaft zu den Mennoniten ab 1721 nutzen. Wir, die Katholiken, sind dort geblieben auch über die Zerstörung der St. Josephskirche im Jahr 1943 hinaus. Die Mennoniten haben ja ihre alte Kirche ab 1915 durch die neue Kirche ersetzt, die den Mittelpunkt ihres Gemeinwesens bildet und in der wir heute diesen Gottesdienst feiern dürfen.

Der Weg zur Heilung kann für alle Christen nur ein Weg zu Christus, zu ihm als dem Grund der Kirche sein. Nur auf ihm können wir recht bauen, nur mit ihm gewinnen wir gute Zukunft.

2. *Einen anderen Grund kann niemand legen als den, der gelegt ist: Jesus Christus.* Der Apostel Paulus erfährt in der Gemeinde das Problem, das die Kirche von Anfang an belastet: In Korinth herrschen Uneinigkeit, Streit, Parteiungen. Auch vor persönlichen Beleidigungen schreckt man offenbar nicht zurück. Er, Paulus, steht am Anfang, er hat die Gemeinde gegründet. Jetzt erlebt er, wie etwa Apollos, ein begabter Mann aus dem Judenchristentum, in der Gemeinde wohl aufgetreten ist. Einige meinen, sich gegen Paulus wenden zu müssen. Auch persönliche Angriffe kommen dazu. Paulus hat von all dem gehört. Aus dem fernen Ephesus reagiert er in der Kraft des Geistes mit aller Leidenschaft, die ihm zu Gebote steht.

Ihr, so ruft er es der Gemeinde zu, ihr seid die Kirche, ihr seid der Tempel Gottes, Gottes Bau, vom Heiligen Geist erfüllt! Da zählt nicht das Äußere, sondern der lebendige Glaube aller. Für diesen Tempel kann es nur einen einzigen Grund geben, Jesus Christus, nicht menschliche Erfindungen oder Empfindungen. Auf ihm gilt es zu bauen; und es wird sich vor Gott erweisen, ob die Bauleute ein Gebäude aus Gold, Silber, Heu oder Stroh errichtet haben. Gott muß das Wachstum des Bauwerkes schenken, wir die Verantwortlichen, die Künder des Evangeliums, die Apostel, sind Mitarbeiter Gottes. Da kommt es nicht auf Personen an, auf Namen und Eitelkeiten. Nehmen wir, so Paulus, uns selber zurück! Wir dienen der Sache Gottes. Tun wir es in Demut und Bescheidenheit!

3. Die Alte Kirche mußte im Ausgleichen der Verschiedenheiten, im Aushalten, im Streiten, im Ringen um die Wahrheit bis hin zum Ausschluß, zur Exkommunikation, einen komplizierten Weg gehen. Auf ihm haben sich die Christen manche Schmerzen zugemutet. Ich erschrecke immer wieder über so viel Lieblosigkeiten, auch Rechthabereien, die den einen Leib Christi von Anfang an belastet haben. In der Entwicklung der ersten Jahrhunderte hat die Alte Kirche dann, vereinfacht gesagt, die Verschiedenheiten im Kanon des Neuen Testamentes zusammengebunden. Er stellt ein vielgestaltiges Ganzes dar, mit den verschiedenen Elementen, die als ein organisches Gefüge verstanden werden wollen. Ich sehe den Kanon nicht als Grund für die Vielfalt der Konfessionen, sondern als das grundlegende Einheitsmodell für die Kirche in versöhnter Verschiedenheit.

Was Paulus anbelangt, seine Sichten und Erfahrungen, seine Leidenschaft für das Evangelium, seinen Widerspruch auch einem Petrus gegenüber, so hat die katholische Kirche ihn mit Petrus fest zusammengebunden. Petrus und Paulus bilden in ihrer Verschiedenheit Antipoden und begründen gerade so die Einheit der Kirche. Der letzte Ausweis ihrer Gemeinsamkeit ist das Martyrium, das beide in Rom erleiden.

Petrus hat nach dem Zeugnis des Matthäusevangeliums das Felsenamt inne, auf dem der Herr seine Kirche bauen will. *Du bist Petrus, und auf diesen Felsen werde ich meine Kirche bauen und die Mächte der Unterwelt werden sie nicht überwältigen* (Matthäus 16,18). Dieser Satz schmückt die gewaltige Kuppel der neuen Peterskirche. Aber der Bau der Kirche hat selbstverständlich immer einen tieferen Grund. Die Einsicht des Völkerapostels Paulus von Christus als dem Grund der Kirche bleibt für immer gültig. Petrus bildet, von Christus beauftragt, einen menschlichen Felsen; das Papsttum stellt, von Christus gestiftet, einen unverzichtbaren Einheitsfaktor dar und darf so auch immer neu als eine Zusage des Herrn an seine Kirche verstanden werden. Aber ein Petrus braucht den Paulus und dann all die anderen. Alle Mitarbeiter und Mitarbeiterinnen bauen über die menschlichen Gründungen hinaus, tiefer als sie und wahrhaft tragfähig, auf Christus.

4. Christus ist der Grund, versuchen wir keinen anderen zu legen, bauen wir auf ihm, Gott wird beurteilen, wie wir es tun. Was folgt aus dieser Einsicht und Mahnung?

Ich denke, wir müssen uns zuerst demütig und bescheiden machen. Es geht nicht darum, die Herrlichkeiten unserer selbst zu pflegen, auch nicht die einer selbstherrlichen Kirche. Vergewissern wir uns immer neu unseres Herrn Jesus Christus! In ihm sehen wir den unendlichen Gott, der Mensch wird. Er macht uns den Blick für Gott frei. Er lädt uns ein, als seine Kinder zu leben. Er ruft uns stets neu zur Umkehr auf, jeden einzelnen von uns persönlich und die Kirche Gottes als ganze, als *ecclesia semper reformanda*. Er will in uns die Bereitschaft wecken, in Liebe und Verantwortung zu leben, in der Liebe zum Nächsten, in der Gestaltung unserer Welt, die Gottes Schöpfung bleibt.

Christus als Fundament muß der Grund für die Einheit der Seinen sein. Er hat für sie gebetet und macht so die Einheit zu einem Grundgebot für die Christenheit. Wenn wir seinen Leib spalten, verletzen wir ihn, den Herrn, entfernen wir uns von dem Grund. Wer Spaltung verursacht, betreibt, lehrt, baut nicht wahrhaftig am Bau Gottes. Darum ist die leidenschaftliche, die herzliche Sorge um die Einheit auch ein Weg zu Christus als dem Grund. Gehen wir diesen Weg entschieden weiter! Wir haben zu lange gebraucht, um auf ihn zu kommen.

Ich möchte uns mit der Einsicht trösten und ermutigen, daß Christus zum Glück immer größer bleibt als wir alle. Keiner von uns hat ihn gepachtet. Eingesenkt in diese Erde, bleibt Gottes Sohn der Same, der Frucht bringt und uns den Himmel eröffnet.

5. Heute danken wir für den Dialog, der hinter uns liegt und einen neuen Anfang ermöglicht. Kluge, verständige Personen haben ihn geführt. Schließen wir uns ihnen an, nehmen wir auf, was sie gesagt haben, und übersetzen wir es in unsere Möglichkeiten! Stellen wir nicht neue Hindernisse auf, die eher mit unseren Eitelkeiten und begrenzten Sichten zu tun haben! Wir dürfen und wollen uns nicht mehr loslassen!

Danken wir für diesen Gottesdienst, für die gemeinsame Erfahrung des Betens und Singens in Ihrer ehrwürdigen Kirche in Hamburg-Altona. Wir feiern ihn am 21. September, am internationalen Gebetstag für den Frieden, zu dem unter anderem die UNO aufgerufen hat. So stellten wir uns mit unseren mennonitischen Geschwistern und den ungezählten Menschen guten Willens hinein in die weltweite Bewegung des Betens und Wirkens für den Frieden. Als Gottes Sohn auf dieser Erde geboren wurde, haben Engel gesungen: *Ehre sei Gott in der Höhe und Friede auf Erden den Menschen seiner Gnade!* Im Licht des geöffneten Himmels über dem Christuskind scheint Frieden auf unsere Erde, der Gestalt durch uns gewinnen will. Gottes Sohn bildet den bleibenden Grund für den Bau seines Reiches, in dem der Friede wachsen will. Es macht uns Ehre, seine Mitarbeiter und Mitarbeiterinnen zu sein.

Nachbemerkung

Diese Predigt wurde im ökumenischen Gottesdienst im Rahmen des Studientages zum katholisch-mennonitischen Dialog am 21. September 2007 in der Mennonitenkirche zu Hamburg und Altona gehalten und erstmals in Fernando Enns und Hans-Jochen Jaschke (Hg.), Gemeinsam berufen, Friedensstifter zu sein, Schwarzenfeld 2008, S. 103–108 veröffentlicht.

Anhang: Literatur zu den Vorlesungen

Zu Täufer im Aufbruch

Rollin S. Armour, Anabaptist Baptism. A Representative Study, Scottdale. Pa.,1966. – Willem de Bakker, Michael Driedger und James Stayer, Bernhard Rothman and the Reformation in Münster, 1530–35, Kitchener 2009. – Gerald Biesecker-Mast, Separation and the Sword in Anabaptist Persuasion. Radical Confessional Rhetoric from Schleitheim to Dordrecht, Telford, Ont., 2006. – Christoph Bornhäuser, Leben und Lehre Menno Simons', Neukirchen-Vluyn 1973. – Claus-Peter Clasen, Anabaptism. A Social History, 1525–1648. Switzerland, Austria, Moravia and South and Central Germany, Ithaca und London 1972. – Klaus Deppermann. Melchior Hoffman. Soziale Unruhen und apokalyptische Visionen im Zeitalter der Reformation, Göttingen 1979. – Michael Driedger, Obedient Heretics. Mennonite Identities in Lutheran Hamburg und Altona during the Confessional Age, Aldershot 2002. – Heinold Fast, Von den Täufern zu den Mennoniten, in: Hans-Jürgen Goertz (Hg.), Die Mennoniten (Die Kirchen der Welt, Bd. 8), Stuttgart 1971, 11–23. – Hans-Jürgen Goertz, Die Täufer. Geschichte und Deutung, 2. Aufl., München 1988. – Ders. (Hg.), Umstrittenes Täufertum 1525–1975. Neue Forschungen, 2. Aufl., Göttingen 1977. – Ders., Konrad Grebel. Kritiker des frommen Scheins 1498–1526, Hamburg und Bolanden 1998, veränderte Auflage, Zürich 2004. – Ders., Radikalität der Reformation. Aufs. u. Abhandlungen, Göttingen 2007. – Brad S. Gregory, Salvation at Stake. Christian Martyrdom in Early Modern Europe, Cambridge, Mass., und London 1999. – Nicole Grochowina, Indifferenz und Dissens in der Grafschaft Ostfriesland im 16. und 17. Jahrhundert, Frankfurt/M. u. a. 2003. – Helmut Isaak, Menno Simons and the New Jerusalem, Kitchner, Ont. 2006. – Hans-Peter Jecker, Ketzer – Rebellen – Heilige. Das Basler Täufertum von 1580–1700, Liestal 1998. – Walter Klaassen, Living in the End of the Ages. Apocalyptic Expectation in the Radical Reformation, Landham, Md., 1992. – Walter Klaassen und William Klassen, Marpeck. A Life of Dissent and Conformity, Scottdale, Pa. 2008. – Marion Kobelt-Groch, Aufsässige Töchter Gottes. Frauen im Bauernkrieg und in den Täuferbewegungen, Frankfurt/M. 1993. – Ralf Klötzer, Die Täuferherrschaft von Münster. Stadtreformation und Welterneuerung, Münster 1992. – Ekkehard Krajewski, Leben und Sterben des Zürcher Täuferführers Felix Mantz, Kassel 1958. – Albert F. Mellink, De Wederdoopers in de Nordelijke Nederlanden 1531–1544, Groningen 1953. – John S. Oyer, »They Harry the Good People Out of the Land«. Essays on the Persecution, Survival and Flourishing of Anabaptists and Mennonites, Goshen, Ind., 2000. – Werner O. Packull, Mysticism and the Early South German-Austrian Anabaptist Movement 1525–1531, Scottdale, Pa., 1977. – Ders., Hutterite Beginnings. Communitarian Experiments during the Reformation, Baltimore und London 1995 (dt.: Hutterer in Tirol, Wien 2000). – Ders., Peter Riedemann. Shaper of the Hutterite Tradition. Kitchener, Ont., 2007. – John D. Rempel, The Lord's Supper in Anabaptism, Scottdale, Pa. 1993. – John D. Roth und James M. Stayer (Hg.), A Companion to Anabaptism and Spiritualism, 1521–1700, Leiden 2007. – Astrid v. Schlachta, Hutterische Konfession und Tradition (1578–1619). Etabliertes Leben zwischen Ordnung und Ambivalenz, Stuttgart 2003. – Dies., Gefahr oder Segen? Die Täufer in der politischen Kommunikation, Göttingen 2009. – Anselm Schubert, Täufertum und Kabbalah. Augustin Bader und die Grenzen der Reformation, Gütersloh 2008. – Gottfried Seebaß, Müntzers Erbe. Werk, Leben und Theologie des Hans Hut,

Gütersloh (Erlangen, Habil. Schr. 1972), 2000. – C. Arnold Snyder, Anabaptist History and Theology, Kitchener, Ont., 1995. – Ders. und Linda Huebert Hecht (Hg.), Profiles of Anabaptist Women. Sixteenth Century Reforming Pioneers, Waterloo, Ont., 1996. – C. Arnold Snyder, The Birth and Evolution of Swiss Anabaptism, 1520–1530, in: Mennonite Quarterly Review 80, 2006, S. 501–645 (mit Responses: S. 647–690). – James M. Stayer, Anabaptists and the Sword, 2. Aufl., Lawrence, Ks., 1976. – Ders., The German Peasants' War and Anabaptist Community of Goods, Montreal und Kingston, Ont., 1991. – Andrea Strübind, Eifriger als Zwingli. Die frühe Täuferbewegung in der Schweiz, Berlin 2003. – Sjouke Voolstra, Het Woord is vlees geworden. De melchioritisch-menniste Incarnatieleer, Kampen 1982. – Gary K. Waite, David Joris and Dutch Anabaptism 1524–1543, Waterloo, Ont. 1990. – John H. Yoder, Täufertum und Reformation in der Schweiz. I. Gespräche zwischen Täufern und Reformatoren 1523–1538, Karlsruhe 1962. – Ders., Täufertum und Reformation im Gespräch. Dogmengeschichtliche Untersuchung der frühen Gespräche zwischen schweizerischen Täufern und Reformatoren, Zürich 1968. – Samme Zijlstra, Om de ware gemeente en de oude gronden. Geschiedenis van de dopersen in de Nederlanden 1531–1675, Hilversum und Leeuwarden 2000.

Zu Die Täufer in Münster

Quellen: Carl A. Cornelius (Hg.), Berichte der Augenzeugen über das Münsterische Wiedertäuferreich, 2. Aufl., Münster 1983. – Richard van Dülmen (Hg.), Das Täuferreich zu Münster 1534–1535. Berichte und Dokumente. München 1974. – Robert Stupperich (Hg.), Die Schriften der münsterischen Täufer und ihrer Gegner, 3 Bde., Münster 1970–1980.
Forschungsliteratur: Willem de Bakker, Michael Driedger und James Stayer, Bernhard Rothmann and the Reformation in Münster, 1530–35, Kitchener, Ont., 2009. – Martin Brecht, Die Theologie Bernhard Rothmanns, in: Das Täuferreich zu Münster 1534/35, Berlin 1966. – Claus Bernet, »Geglaubte Apokalypse«. Die Utopie des Himmlischen Jerusalem in der Frühen Neuzeit, Mainz 2007. – Sigrun Haude, In the Shadow of »Savage Wolves«: Anabaptist Münster and the German Reformation during the 1530s, Boston 2000. – Karl-Heinz Kirchhoff, Die Täufer in Münster 1534/35. Untersuchungen zum Umfang und zur Sozialstruktur der Bewegung, Münster 1973. – Ralf Klötzer, Die Täuferherrschaft von Münster: Stadtreformation und Welterneuerung, Münster 1992. – Ders., Hoffnungen auf eine andere Wirklichkeit. Die Erwartungshorizonte in der Täuferstadt Münster 1534/35, in: Norbert Fischer und Marion Kobelt-Groch (Hg.), Außenseiter zwischen Mittelalter und Neuzeit, Leiden 1997, 153–169. – Ders., The Melchiorites and Münster, in: John D. Roth und James M. Stayer (Hg.), A Companion to Anabaptism and Spiritualism, 1521–1700, Leiden und Boston 2007, 217–256. – Ernst Laubach, Reformation und Täuferherrschaft, in: Franz-Josef Jakobi (Hg.), Geschichte der Stadt Münster, Bd. 1, Münster 1993, 145–216. – Hubertus Lutterbach, Der Weg in das Täuferreich von Münster. Ein Ringen um die Heilige Stadt (Geschichte des Bistums Münster, Bd. 3), Münster 2006. – Albert F. Mellink, The Mutual Relations between the Munster Anabaptists and the Netherlands, in: Archiv für Reformationsgeschichte 50, 1959, 16–33. – Jürg Meyer zu Capellen, Christine Pielken und Daniela Winkelhaus-Elsing, Alfred Hrdlicka, Ästhetik des Grauens. Die Wiedertäufer. Münster 2003. – Otthein Rammstedt, Sekte und soziale Bewegung. Soziologische Analyse der Täufer in Münster 1534/35, Köln 1966. – Katja Schupp, Zwischen Faszination und Abscheu: Das Täuferreich von Münster. Zur Rezeption in Geschichtswissenschaft, Literatur, Publizistik und populärer Darstellung vom Ende des 18. Jahrhunderts bis zum Dritten Reich, Münster 2002. – James M. Stayer, »Unsichere Geschichte«: Der Fall Münster (1534/35). Aktuelle Probleme der Forschung, in: Mennonitische Geschichtsblätter 37, 1980, 63–78. – Ders., »Vielweiberei« als »innerweltliche Askese«. Neue Eheauffassungen in der Reformationszeit, in: Mennonitische

Geschichtsblätter 37, 1980, 24-41. - Richard van Dülmen, Reformation als Revolution. Soziale Bewegung und religiöser Radikalismus in der deutschen Reformation, München 1977. - Gary K. Waite, The Anabaptist Movement in Amsterdam and the Netherlands 1531-1535: An Initial Investigation into its Genesis and Social Dynamics, in: Sixteenths Century Journal 18, 1987, 240-263. - Martin Warnke, Durchbrochene Geschichte? Die Bilderstürme der Wiedertäufer in Münster 1534/1535, in: Ders. (Hg.), Bildersturm. Die Zerstörung des Kunstwerks, München 1973, 65-98 und 159-167. - Samme Zijlstra. Om de ware gemeente en de oude gronden. Geschiedenis van de dopersen in de Nederlanden 1531-1675, Hilversum und Leeuwarden 2000.

Zu Menno Simons

Werke: Menno Simons, Opera Omnia Theologica, Amsterdam 1681. - Ders., Die vollständigen Werke, Bd. 1 und 2, Elkhart, Ind., 1871 und 1981. - H. W. Meihuizen (Hg.), Menno Simons. Dat Fundament des Christelycken Leers, Den Haag 1967.
Bibliographie: Irvin B. Horst, A Bibliography of Menno Simons, Nieuwkoop 1962.
Forschungsliteratur: Cornelis Augustijn, Erasmus and Menno Simons, in: Mennonite Quarterly Review 60, 1986, 497-508. - Beiträge des Internationalen Kolloquiums in Amsterdam 1986 zum »Ausgang Menno Simons aus dem Papsttum« vor 450 Jahren, in: Doopsgezinde Bijdragen 12/13, 1986/87 (eine Auswahl auch in: Mennonite Quarterly Review 62, 1988). - Christoph Bornhäuser, Leben und Lehre Menno Simons'. Ein Kampf um das Fundament des Glaubens, Neukirchen-Vluyn 1973. - Jan Auke Brandsma, Menno Simons van Witmarsum, Maxdorf, 2. Aufl., 1983. - George R. Brunk (Hg.), Menno Simons. A Reappraisal, Harrisonburg, Va. 1992. - George K. Epp, The Premonstratensian Connection of Menno Simons. Revisions and new Evidence, in: Mennonite Quarterly Review 62, 1988, 349-355. - Abraham Friesen, Erasmus, the Anabaptists and the Great Commission, Grand Rapids 1998. - Timothy George, John Calvin and Menno Simons: Reformation Perspectives on the Kingdom of God, in: Robert V. Schnucker (Hg.), Calviniana: Ideas and Influence of Jean Calvin. Sixteenth Century Essays & Studies, 10, Kirksville, Mo. 1988. - Hans-Jürgen Goertz, Der fremde Menno Simons. Antiklerikale Argumentation im Werk eines melchioritischen Täufers, in: Irvin B. Horst (Hg.), The Dutch Dissenters. A Critical Companion of their History and Ideas, Leiden 1986, 160-176. - Irvin B. Horst, Menno Simons. Der neue Mensch in der Gemeinschaft, in: Hans-Jürgen Goertz (Hg.), Radikale Reformatoren. 21 biographische Skizzen von Thomas Müntzer bis Paracelsus, München 1978, 179-189. - Helmut Isaak, Menno Simons and the New Jerusalem, Kitchener, Ont. 2006. - William E. Keeney, The Development of Dutch Anabaptist Thought and Practice from 1539-1564, Nieuwkoop 1968. - Walter Klassen u.a., No other Foundation. Commemorative Essays on Menno Simons, North Newton, Ks. 1962. - Ders., Menno Simons. Molder of a Tradition, in: Mennonite Quarterly Review 62, 1988, 368-386. - Cornelius Krahn, Menno Simons (1496-1561). Ein Beitrag zur Geschichte und Theologie der Taufgesinnten, Karlsruhe 1936. - Franklin H. Littell, A Tribute to Menno Simons, Scottdale, Pa. 1961. - John R. Loeschen, The Divine Community. Trinity, Church and Ethics in Reformation Theologies, Kirksville, Mo. 1981, 67-123. - Harry Loewen, Der »wahre Glaube«. Zum Glaubensverständnis bei Menno Simons, in: Bibliotheca Dissidentium 3, Baden-Baden 1987, 191-199. - Hendrik W. Meihuizen, Menno Simons. Ijveraar voor het herstel van de nieuwtestamentische gemeente, 1496-1561, Haarlem 1961. - Johannes A. Oosterbaan, The Theology of Menno Simons, in: Mennonite Quarterly Review 35, 1961, 187-196. - B. Rademaker-Helfferich (Hg.), Een leven vol gevaer: Menno Simons (1496-1561) leidsman der dopers, Amsterdam 1996. - James M. Stayer, Oldeklooster and Menno, in: Sixteenth Century Journal 9, 1978, 51-67. - Ders., Davidite vs. Mennonite, in: Mennonite Quarterly Review 58, 1984,

459–476. – Ders., Menno Simons – ein unbequemer Namenspatron. Eine Menno-Simons-Vorlesung am Bethel Collge in Kansas, in: Mennonitische Geschichtsblätter 2011, 7–18. – Willis A. Stoesz, The New Creature. Menno Simons´ Understanding of the Christian Faith, in: Mennonite Quarterly Review 39, 1965, 5–24. – Piet Visser (mit Mary Sprunger und Adrian Plaak), Spuren von Menno: das Bild von Menno Simons und den niederländischen Mennisten im Wandel, Hamburg-Altona 1996. – Piet Visser, Mennonites and Doopsgezinden in the Netherlands, 1535–1700, in: John D. Roth und James M. Stayer (Hg.), A Companion to Anabaptism and Spiritualism, 1521–1700, Leiden 2007, 299–345. – Sjouke Voolstra, Het Woord is Vlees geworden. De Melchioritisch-Menniste incarnatieleer, Kampen 1982. – Ders., Menno Simons verlichting, bekering en beroeping, in: Doperse stemmen 6, 1986, 17–35. – Ders., True Penitence. The Core of Menno Simons' Theology, in: Mennonite Quarterly Review 62, 1988, 387–400. – Ders., Menno Simons: His Image and Message, North Newton, Ks., 1997. – Karel Vos, Menno Simons, 1496–1561, zijn leven en werken en zijne reformatorische denkbeelden, Leiden 1914. – Susanne Woelk, Menno Simons in Oldersum und Oldesloe. »Häuptlingsreformation« und Glaubensflüchtlinge im 16. Jahrhundert, in: Mennonitische Geschichtsblätter 1996, 11–33. – Samme Zijlstra, Menno Simons and David Joris, in: Mennonite Quarterly Review 62, 1988, 249–256. – Ders., Om de ware gemeente en de oude gronden. Geschiedenis van de dopersen in de Nederlanden 1531–1675, Hilversum und Leeuwarden 2000. – Nanne van der Zijpp, Menno Simons, Amsterdam 1947.

Forschungsberichte: Cornelius Krahn, Menno Simons Research (1910–1960), in: Church History 30, 1961, 473–480. – Walter Klaassen, Menno Simons. Research 1937–1986, in: Mennonite Quarterly Review 60, 1986, 483–496.

Neuere Lexikon-Artikel: Menno Simons, in: Mennonite Encyclopedia, V, 554–555 (Cornelius J. Dyck). – Menno Simons, in: The Oxford Encyclopedia of the Reformation, Bd., 3, 55 f. (Gary K. Waite). – Menno Simons, in: Theologische Realenzyklopädie, Bd. XXII, 444–450 (Hans-Jürgen Goertz).

Zur Abbildung

Salvator Dalí, *Die Madonna von Port Lligat*

Dalí hat dieses Bild 1949/50 in zwei verschiedenen Versionen gemalt. Die hier abgebildete Version zeigt das Exemplar der Marquette University Fine Art Collection in Milwaukee, Wisconsin, U.S.A. und ist einer Beilage des Buches von Sjouke Voolstra, *Het Woord is vlees geworden, de melchioritisch-menniste incarnatieleer,* Kampen 1982 entnommen.

Diese Darstellung des Jesuskindes im Mutterleib kann zum Verständnis der mennonitischen Christologie beitragen, vgl. die Ausführungen auf. S. 56.